Privatizações e Reprivatizações

Comentário

à Lei-Quadro das Privatizações

Colecção VdA

A VdAcademia, hoje uma associação formalmente constituída, nasceu de um projecto pioneiro da Vieira de Almeida & Associados e tem como finalidade a promoção da investigação na área do Direito e a organização de actividades de formação (nomeadamente jurídica) no âmbito do exercício profissional da advocacia.

Com a *Colecção VdA* pretende dar-se corpo a essa preocupação com o estudo teórico e prático na área do Direito, sendo a obra que agora se publica, dedicada ao tema das privatizações e reprivatizações, a segunda desta *Colecção*, após a apresentação de um trabalho de teor eminentemente sistemático e informativo para leitura e interpretação do Código dos Contratos Públicos.

Dado o carácter da colecção, ela não tem naturalmente ínsito um calendário das obras a publicar, estando porém já em curso outros trabalhos que se julga poderem ter interesse para a comunidade jurídica, para não falar também da possibilidade de publicação dos trabalhos vencedores do prémio anual VdAcademia, sempre que a sua reconhecida qualidade, avaliada por um júri de que fazem parte professores universitários e advogados, o justifique.

A VdAcademia
(www.vdacademia.pt)

Privatizações e Reprivatizações

Comentário

à Lei-Quadro das Privatizações

Mário Esteves de Oliveira
(coordenador)
José Pedro Fazenda Martins
Manuel Protásio
Nuno Ruiz
Paulo Olavo Cunha
Paulo Pinheiro
Pedro Cassiano Santos
Rodrigo Esteves de Oliveira

2011

ALMEDINA

PRIVATIZAÇÕES E REPRIVATIZAÇÕES
Comentário à Lei-Quadro das Privatizações
AUTORES
Mário Esteves de Oliveira; José Pedro Fazenda Martins; Manuel Protásio; Nuno Ruiz; Paulo Olavo Cunha; Paulo Pinheiro; Pedro Cassiano Santos; Rodrigo Esteves de Oliveira
EDITOR
EDIÇÕES ALMEDINA, S.A.
Rua Fernandes Tomás, nºs 76, 78, 80
3000-167 Coimbra
Tel.: 239 851 904 · Fax: 239 851 901
www.almedina.net · editora@almedina.net
DESIGN DE CAPA
FBA.
PRÉ-IMPRESSÃO, IMPRESSÃO E ACABAMENTO
G.C. - GRÁFICA DE COIMBRA, LDA.
Palheira Assafarge, 3001-453 Coimbra
producao@graficadecoimbra.pt
Novembro, 2011
DEPÓSITO LEGAL
337097/11

GRUPO**ALMEDINA**

BIBLIOTECA NACIONAL DE PORTUGAL – CATALOGAÇÃO NA PUBLICAÇÃO

PRIVATIZAÇÕES E REPRIVATIZAÇÕES

Privatizações e Reprivatizações / Mário Esteves de Oliveira... [et al.]
ISBN 978-972-40-4722-5

I - OLIVEIRA, Mário Esteves de

CDU 346
338

PREFÁCIO

Na sequência de um trabalho multidisciplinar levado a cabo pelos advogados signatários a propósito da Lei nº 11/90, a *Lei-Quadro das Privatizações*, resolveram eles, até pela natureza e número das dificuldades com que se foram confrontando, aproveitar o estudo e reflexão feitos para ordenar por escrito os ensinamentos colhidos na interpretação das normas e na integração das lacunas que o regime nacional sobre privatizações e reprivatizações exageradamente suscita.

Tarefa assaz importante não apenas por isso, mas também pelo momento agitado em que o tema das (re)privatizações actualmente vive, pedindo assim a colaboração de todos na tentativa de superar as dificuldades extremas daquela lei, embaraçada, ainda por cima, numa técnica e sistemática legislativas rudimentares.

Bem poderia o legislador ter aproveitado a oportunidade da sua alteração pela Lei nº 50/2011 para superar erros técnicos, deficiências sintácticas, obstáculos sistemáticos e incoerências conceptuais desse diploma, quando afinal a nova versão – preparada, admite-se, sob enorme pressão – pouco contribuiu para alterar este estado de coisas, pelo contrário, em vários pontos, até exacerbou as dificuldades interpretativas e integrativas que já vinham de trás.

Com a agravante de um estudo ordenado da matéria ter que assentar necessariamente no desbravar desta Lei-Quadro, a única com uma disciplina comum e conformadora de todas as operações de (re)privatização – as quais, no resto, são fruto jurídico de diplomas especiais, cada um aplicável à sua única hipótese –, o que obrigou os signatários a comprometer-se em juízos e a apostar em opiniões que envolverão certamente dura controvérsia, mesmo se se espera que o presente trabalho possa contribuir para algum esclarecimento do referido regime e, eventualmente, para levar o legislador a repensar algumas das opções por que enveredou.

Foram bem generosos na colaboração que nos prestaram os Drs. Alexandre Esteves de Oliveira, Jorge Silva Martins e José Miguel Lucas.

Os Autores

Novembro de 2011

SIGLAS E ABREVIATURAS

art.	artigo
CCP	Código dos Contratos Públicos (aprovado pelo Decreto-Lei nº 18/2008, de 29 de Janeiro)
CEA	Comissões Especiais de Acompanhamento
CPA	Código do Procedimento Administrativo (aprovado pelo Decreto-Lei nº 442/91, de 15 de Novembro com as alterações introduzidas pelo Decreto-Lei nº 6/96 de 31 de Janeiro)
CPTA	Código de Processo nos Tribunais Administrativos (aprovado pelo Lei nº 15/2002, de 22 de Fevereiro, com alterações introduzidas pela Lei nº 4-A/2003, de 19 de Fevereiro)
CSC	Código das Sociedades Comerciais (aprovado pelo Decreto-Lei nº 262/86, de 2 de Setembro)
CVM	Código dos Valores Mobiliários (aprovado pelo Decreto-Lei nº 486/99, de 13 de Novembro)
EP	Empresas Públicas
EPE	Entidades Públicas Empresariais
LVCR	Regime de Vinculação de Carreiras e de Remunerações dos trabalhadores que exerçam funções públicas
p(p)	página (s)
ss.	seguintes
TFUE	Tratado sobre o Funcionamento da União Europeia (Publicado no Jornal Oficial nº C115, de 09/05/2008, P.0001-0388)

LEI N.º 11/90
Lei-Quadro das Privatizações

ARTIGO 1.º
Objecto

A presente lei aprova o quadro legal aplicável à reprivatização da titularidade ou do direito de exploração dos meios de produção e outros bens nacionalizados depois de 25 de Abril de 1974, previstos no n.º 1 do artigo 293.º da Constituição.

Nota:

– Na versão anterior o artigo 1º dispunha

A presente lei aplica-se à reprivatização da titularidade ou do direito de exploração dos meios de produção e outros bens nacionalizados depois de 25 de Abril de 1974, nos termos do nº 1 do artigo 85º da Constituição.

Comentário

1. *A Lei-Quadro das Privatizações: contexto histórico*
2. *Conceito e noção de (re)privatização: distinção da alienação de participações públicas*
3. *A reprivatização total, maioritária e minoritária da titularidade de empresas ou meios de produção: teses. A reprivatização faseada*
4. *A reprivatização da titularidade de outros bens nacionalizados: âmbito*
5. *A reprivatização do direito de exploração de empresas e bens nacionalizados: âmbito*

6. *Recensão das hipóteses excluídas da previsão do art. 293.° da CRP e da Lei Quadro*
7. *O regime das (re)privatizações não abrangidas directamente pela Lei-Quadro: alternativas. A inaplicabilidade da Lei n.° 71/88*
8. *O carácter paramétrico da Lei-Quadro*
9. *A transposição para a Lei-Quadro dos princípios do art. 293.°/1 da CRP*
10. *A escala hierárquica das normas nacionais dispositivas sobre os processos de reprivatização*
11. *Regras e princípios comunitários mais destacáveis*
12. *A competência legislativa em matéria de (re)privatizações abrangidas e excluídas do art. 293.° da CRP*

1. O objecto assumido da Lei nº 11/90, de 5 de Abril, a denominada *Lei Quadro das Privatizações* (e não das Reprivatizações, note-se) – cuja 2.ª versão remonta à Lei nº 102/2003, de 15 de Novembro, e que foi agora alterada pela Lei nº 50/2011, de 13 de Setembro –, é o de disciplinar, por incumbência e nos termos do art. 293º da Constituição, a reprivatização da titularidade ou do direito de exploração de "*meios de produção*" ou "*de outros bens*" que hajam sido objecto de nacionalização depois de 25 de Abril de 1974.

A existência de um regime jurídico específico para as reprivatizações de bens e meios de produção nacionalizados após essa data – regime que, como se verá, contém várias especificidades face às normais operações de privatização – decorre de uma imposição constitucional e percebe-se se se situar no contexto histórico da elaboração e da revisão da Constituição da República Portuguesa.

Aprovada esta em Abril de 1976, proclamou-se no seu (então) art. 83º o princípio (quase absoluto) da irreversibilidade das nacionalizações, dispondo-se que "*[t]odas as nacionalizações efectuadas depois de 25 de Abril de 1974 são conquistas irreversíveis das classes trabalhadoras*".

Quando, na revisão constitucional de 1989 se quis mitigar o mencionado princípio forjado no período revolucionário, procurou-se, apesar de tudo, que as operações de reprivatização fossem rodeadas de especiais condições, requisitos e garantias, tanto para assegurar a transparência da alienação de activos bem importantes (como a quási totalidade dos bancos, seguradoras e das principais empresas de alguns sectores energéticos e industriais) como para assegurar a concretização do então tão em voga capitalismo popular e dos direitos dos trabalhadores, razões por que o art. 85º da revisão de 1989, acabando embora com o dogma da irreversibilidade, apenas permitiu que as reprivatizações viessem a ter lugar no quadro de uma lei de valor reforçado que especificamente delas se ocupasse e as condicionasse.

Foi nesse contexto que surgiu a Lei nº 11/90, de 5 de Abril, de cuja versão inicial se mantêm ainda hoje muitas disposições a fazer balançar o intérprete, quantas vezes, entre uma sua interpretação histórica ou actualista.

2. Os conceitos de *reprivatização*, de reprivatização da *titularidade* e de reprivatização do *direito de exploração* de bens e meios de produção carecem contudo de precisão ou esclarecimento.

O conceito de *reprivatização* é obviamente um composto ou derivado do conceito "*privatização*", cuja polissemia é conhecida, podendo expressar realidades tão diversas como *(i)* a transição de um modelo de estruturação jurídica e de gestão públicas para um modelo estruturação jurídica e de gestão privadas de um dado organismo ou serviço público, sem alteração da sua integração na esfera pública, *(ii)* a submissão de uma entidade pública a um regime de direito privado, *(iii)* a supressão da intervenção pública de natureza regulatória num determinado sector, *(iv)* e a eliminação da proibição de acesso de entidades privadas a certa actividade económica até aí vedada ao sector privado (ou, é o mesmo, reservada ao sector público).

Em termos jurídico-constitucionais, como aliás o inculca a alínea *l)* do art. 165º/1 da CRP, o conceito parece simples (mesmo se a sua aplicação prática, em casos fronteira, pode deparar-se com algumas dificuldades): tratar-se-ia da transferência da titularidade de bens ou meios de produção do sector público para o sector privado (eventualmente para o sector cooperativo), de transferências sectoriais, portanto, realizadas por uma ou mais vezes, directa e indirectamente – consoante o respectivo bem constitua o próprio objecto da medida de reprivatização ou apenas uma consequência da medida que recai sobre algo a que ele está incidivelmente ligado –, acompanhando assim a distinção que entre esses sectores se faz no art. 82º da CRP e de cujos traços característicos o que aqui mais nos importa assinalar é o de que, enquanto no sector público se incluem apenas as empresas cuja titularidade **e** gestão pertencem a entidades públicas (mesmo se distintas), já no sector privado cabem, em consequência, todas aquelas empresas cuja titularidade **ou** gestão pertencem a privados, ainda que a sua gestão **ou** titularidade, respectivamente, sejam de entidades públicas.

Deve assinalar-se porém, mesmo se isso porventura não fosse juridicamente relevante para efeitos de delimitação do âmbito do art. 1º da Lei Quadro, como adiante se discute, que a (re)privatização, no que respeita aos bens que são seu objecto directo, aparece juridicamente como um processo ou *programa* (político-legislativo), digamos assim, de transferência, pelo Estado, de uma empresa de mão pública para o sector privado, isto é, como um processo intencionalmente organizado e posto em marcha com vista a esse fim, ainda que englobando uma só fase ou distribuindo-se por dez, é indiferente, desde que todas elas – logo desde o início ou a partir de determinado momento – se insiram num anunciado projecto ou *programa* político-económico de privatização de um bem ou empresa pública.

Por aí se distingue, parece-nos, a (re)privatização da mera *alienação de participações do sector público*, regulada na Lei nº 71/88, de 24 de Maio, em que o Estado ou outro ente público decide, por qualquer razão, nomeadamente financeira, à revelia de um programa ou finalidade política, alienar umas quantas participações de que dispõe no capital de uma empresa, e, pelo menos previsivelmente, não mais do que essas.

Pelo contrário, não integra certamente o conceito de *privatização* (ou o de *reprivatização*) a transmissão da titularidade de parte ou da totalidade do capital de uma empresa do sector público quando o adquirente for, também ele, uma entidade do sector público, estando aí em causa, como refere Paulo Otero (*Privatizações, Reprivatizações e Transferências de Participações Sociais no Interior do Sector Público*, p. 22), uma "*simples circulação de capitais entre entidades integrantes do sector público*", a qual não está, consequentemente, sujeita à Lei-Quadro.

Situação especial será a de, no contexto de um procedimento de alienação aberto, organizado à luz da Lei-Quadro, participar – se isso não contrariar a natureza ou o fim do próprio procedimento – uma entidade pública (em pé de igualdade com os demais participantes, claro) e adquirir ela uma ou parte de uma empresa em processo de reprivatização: nesse caso, constituindo a Lei-Quadro parâmetro do procedimento de alienação quando lançado, ela deve projectar os seus efeitos também até à conclusão da operação – como no que concerne à preferência dos trabalhadores quanto a uma percentagem do capital de reprivatização –, embora a sua finalidade reprivatizante se considere então (no caso de aquisição por aquela entidade pública) ter abortado, sem prejuízo, julgamos, de a adquirente poder, numa hipótese dessas, alienar subsequentemente no mercado a empresa ou o bem adquirido.

Quanto à reprivatização, sendo ela uma modalidade da privatização distingue-se pelo facto de a empresa ou o bem em causa, a transferir do sector público para o sector privado, ter, um dia, feito o percurso inverso, do sector privado para o público, nomeadamente através de uma sua nacionalização.

3. Visto sem grandes hesitações em que consiste o conceito de *reprivatização* do art. 293º da CRP e do art. 1º da Lei nº 11/90, preocupamo-nos agora em definir ou delimitar o conceito de "*reprivatização da titularidade de meios de produção*" e o relativo a "*outros bens nacionalizados*".

Quanto à *reprivatização da titularidade de meios de produção* questiona-se se está aí em causa necessariamente a reprivatização da totalidade ou maioria do capital de uma empresa – que é esse o único meio de produção de que a lei se serve para regular o instituto – e, até, se só uma empresa economicamente organizada como tal pode ser objecto de uma operação dessas ou se também estamos perante uma reprivatização abrangida por aquelas normas no caso da transmissão de qualquer parcela desse capital (de 1%, 5% ou 49%).

Que o conceito de (re)privatização abrange necessariamente a transmissão da totalidade do capital de uma empresa ou de uma percentagem superior a 50% do seu capital é uma asserção irrefragável – nem de outro modo existiria transferência sectorial e, sem ela, não haveria, no rigor da teoria, lugar a uma (re)privatização, conforme o entendimento manifestado pelo Tribunal Constitucional, por exemplo, no acórdão nº 108/88 – no qual se rejeitou ser inconstitucional uma '*reprivatização minoritária*', por não estar a mesma abrangida pelo princípio da *irreversibilidade das nacionalizações* consagrado no texto original da Constituição e dela só expurgado com a revisão constitucional de 1989.

Essa tese aparentemente tão segura do ponto de vista conceptual ou dogmático – até porque o que aí estava em causa era a questão da irreversibilidade da nacionalização, bem diferente da que nos ocupa –, revela na prática grande fragilidade quando se trata de determinar o âmbito de (des)aplicação da Lei-Quadro à generalidade dos casos de transmissão inferior a 50% do capital da empresa a reprivatizar, embora tenha que se distinguir entre aquelas hipóteses de (só) o conjunto das várias fases ou *tranches* do capital a reprivatizar parceladamente ser globalmente superior a 50%, mas vindo a operação já prevista e organizada nesses termos no diploma reprivatizante – porque, para estes efeitos, pelo menos, está-se então seguramente perante uma transferência sectorial, mesmo em relação às *tranches* minoritárias – daqueloutros casos em que uma "reprivatização" globalmente minoritária aparece solitária (ou mesmo faseadamente) posta nesse diploma, que são então os casos com que aqui, agora, lidamos.

Pense-se na hipótese de o Estado vender agora apenas 2%, mas de uma empresa que já estava 'privatizada' em 49% (sem qualquer previsão de que ainda seria alienada mais alguma parte do seu capital). Pois bem, apesar da diminuta percentagem envolvida, há aí transferência sectorial, pelo que a aplicação da Lei-Quadro à alienação desses 2% parece segura; mas já no caso de venda "solitária" de 49%, mesmo tratando-se de uma empresa nacionalizada depois de 1974, a seguir-se aquele conceito rigoroso de (re)privatização, teríamos que excluir dele (e da aplicação do regime constitucional e legal respectivos) tal operação.

O que levaria a considerar então que àquela primeira hipótese, de tão diminuta expressão, teríamos que aplicar os *essentialia* dos regimes que o legislador constituinte e a Lei-Quadro puseram para operações com a relevância político-constitucional da figura – exigências tão essenciais, como a da avaliação prévia da empresa ou bem a reprivatizar, as respeitantes ao destino das receitas da operação, a da reserva de uma parte do capital a reprivatizar para os respectivos trabalhadores, a definição das modalidades procedimentais e a competência para a sua escolha, a possibilidade de designação das comissões especiais de acompanhamento, etc., etc. – enquanto que, no caso de "só" se alienarem 49% do capital da mesma sociedade, quando mais se justificavam essas garantias, essas reservas, tais procedimentos, nada se aplica, nada se exige.

Para além das situações que acabámos de confrontar – confronto que leva a considerar a tese de base conceptual como um atentado ao princípio da unidade e coerência do ordenamento jurídico e a tese oposta como aquela que melhor, *rectius*, a única que serve os múltiplos interesses e exigências postos na CRP e na Lei-Quadro – alguns outros argumentos há, de valor nada despiciendo, a adornar esta última tese.

A começar logo pelas normas da Lei-Quadro que definem o respectivo objecto e âmbito de aplicação.

Assim, o seu art. 1º – como aliás vários outros preceitos que dela constam e o próprio art. 293º da CRP – refere-se não à reprivatização de *empresas*, mas sim à "*reprivatização [...] de meios de produção*", o que poderia levar a pensar estar aí incluída a reprivatização do *capital*, que (na terminologia da época em que estes regimes ganharam estatuto jurídico na Constituição e em leis de valor reforçado) era, a par de outros, como as matérias-primas, os equipamentos, as instalações fabris, etc. um meio de produção – o que as empresas não são, constituindo antes conjuntos funcionalmente organizados de meios de produção tendo em vista a criação e prestação de bens ou de serviços destinados ao mercado ou, no caso das organizações produtivas públicas, à satisfação de necessidades colectivas, à prestação de serviços públicos.

E portanto, quando se falasse em reprivatização de uma parte, ainda que minoritária, do *capital* de uma empresa ou sociedade, estar-se-ia a falar também de uma transferência da titularidade desse meio de produção do sector público para o sector privado, isto é, na transferência sectorial subjacente ao conceito de reprivatização – só que não de uma empresa ou sociedade, mas de uma parte qualquer do seu capital. O argumento poderá ser especioso, mas não se esqueça que é a própria Lei-Quadro a sustentar a sua utilização, quando se refere ao "*capital [...] privatizado*" e ao "*capital a reprivatizar*" nos arts. 2º e 13º/2 da Lei-Quadro.

Depois, o art. 2º da Lei-Quadro, se bem que excluindo as empresas por ele abrangidas da possibilidade de reprivatização no regime da Lei-Quadro, refere-se ao facto de o capital das mesmas – aquelas que exercem principalmente actividades vedadas a empresas privadas – "*só pode[r] ser privatizado até 49%*", revelando assim que a transferência de uma parte menor do capital de uma empresa pública para o sector privado também se subsume no conceito legal de *privatização*, que também aí há transferência sectorial característica do conceito de (re)privatização.

Nem se diga que é este mesmo art. 2º que, sob a epígrafe "*Empresas excluídas*", leva a excluir essas situações de privatização minoritária do regime da Lei-Quadro, e portanto do conceito de reprivatização, porque a questão cuja resposta se encontra nesse art. 2º não é a de saber que empresas podem ou não ser transferidas na totalidade para privados – que isso já resulta de outras normas, até do art. 86º/3 da CRP – mas a de saber se no conceito de (re)privatização só entram aqueles casos de transferência da totalidade ou maioria do capital ou também os casos em que ele se transmite apenas minoritariamente - e, quanto a isso, não há a menor dúvida de que este art. 2º inclui as transmissões minoritárias de capital no conceito de privatização (e consequentemente, também, quando for o caso, no de reprivatização).

A partir daqui os argumentos fundados na expressão literal da lei não são mais utilizáveis convictamente porque os conceitos *meios de produção, empresas, capital das empresas* passam a ser empregues, como vamos ver recorrentemente nos comentários a tantas disposições subsequentes da lei, sem a precisão ou cuidado sistemático que se exige dos preceitos em que se definem o objecto e âmbito de aplicação do diploma.

Sendo assim, na balança dos argumentos pesados, o respectivo fiel aponta decididamente no sentido de que, nos processos de (re)privatização de meios de produção regulados na CRP e na Lei-Quadro - mesmo se, ao contrário do que por vezes sucede, não se definem logo à partida, no decreto-lei, as várias parcelas em que vai ser dividida a alienação do capital eventualmente maioritário de que o Estado dispõe -, se incluem tanto as operações que levam à transferência da totalidade ou maioria do capital das empresas a reprivatizar (que podem resumir-se, porventura, a 1 ou 2% do respectivo capital) como as que têm por objecto apenas uma parte minoritária do mesmo (que pode chegar aos 49,9%).

4. Por sua vez, a "*reprivatização da titularidade [...] de outros bens nacionalizados*" abrange aqueles casos em que a nacionalização não recaiu sobre meios de produção enquanto tais - isto é, sobre meios organizados com vista à criação empresarial de bens ou serviços - mas sobre bens destinados, por exemplo, à fruição dos respectivos proprietários, como imóveis urbanos, quintas e herdades que produziam, quanto muito, para consumo interno, onde se cozia o pão, se cortava a cortiça, se criava gado - como aconteceu, ao abrigo por exemplo do Decreto-Lei nº 407-A/75, de 30 de Julho, com tantas propriedades rústicas beneficiárias de projectos hídro-agrícolas.

Quanto à reprivatização da titularidade de tais bens – de que subsistem nacionalizadas, além do mais, algumas grandes propriedades rústicas (como as da Companhia das Lezírias) e outras que só o foram indirectamente, como é o caso do Palácio do Correio-Mor –, quanto à sua reprivatização, dizia-se, poucas são as normas da Lei-Quadro que se lhes referem expressamente.

Só sucede assim (além do citado art. 1º) com os arts. 5º/1 e 26º/1, mas não deixarão claro de se lhe aplicar aquelas normas cuja disciplina vem reportada aos processos ou operações de reprivatização sem indicação do respectivo objecto – é o caso, eventualmente, do art. 7º e, claramente, dos arts. 14º, 16º, 18º, 20º, 21º e 24º –, podendo também aplicar-se adaptadamente às reprivatizações com este objecto, extensiva ou analogicamente, como é de presumir que o legislador quereria, as normas por si postas para as operações incidentes sobre empresas ou seu capital, desde que, por natureza, não sejam normas incompatíveis com as reprivatizações da titularidade de bens (como não o é, tipicamente, por exemplo, o caso da disposição do art. 22º).

Nos comentários aos artigos subsequentes, veremos existirem mais alguns destes últimos casos.

Assinale-se, para finalizar, que a reprivatização da titularidade de bens pode fazer-se, simultânea ou sucessivamente, por lotes ou por parcelas, não se suscitando aqui, em princípio, as dificuldades vistas antes a propósito da inclusão das reprivatizações minoritárias no âmbito da Lei-Quadro.

5. Atentamos agora no conceito de *reprivatização do direito de exploração* de meios de produção e de outros bens nacionalizados, a qual teoricamente, pelo menos, pode reportar-se também à totalidade das actividades de uma empresa (ou à totalidade de um bem) ou apenas a uma sua parcela.

Por outro lado, não é claro se se inclui aqui a *concessão* da exploração da empresa ou bem em causa – com o que ela pressupõe em matéria de direcção e controlo da actividade do concessionário – ou se se trata apenas daqueles casos que envolvem, além da percepção dos (ou de uma parte dos) rendimentos produzidos pela exploração, também uma larga autonomia de gestão por parte do respectivo cessionário. Ou, inversamente, até, se um mero *contrato de prestação de serviços de gestão* integra o conceito reprivatização do direito de exploração, como, à primeira vista, pelo menos, o inculcaria (para nós, muito estranhamente) o comentário de Gomes Canotilho e Vital Moreira ao art. 83º da anterior versão da CRP, correspondente ao seu actual art. 293º/1 (ver *Constituição da República Portuguesa Anotada*, 3.ª ed., p. 415).

A resposta apropriada parece-nos ser, porém, a de que, podendo a reprivatização do direito de exploração processar-se através de variados instrumentos jurídicos, eles hão-de envolver necessariamente, até ao termo do respectivo período de vigência, a transferência para o cessionário dos poderes e das faculdades inerentes à posição do usufrutuário perante o proprietários em regime de direito civil, digamos assim, sem embargo claro da indisponibilidade da reafectação da empresa ou do bem a outro fim ou actividade principal, quando assim resultar explícita ou implicitamente do respectivo título translativo.

Duvidoso é também se tal reprivatização se refere apenas a casos de eventual nacionalização pós-25 de Abril especificamente desse *direito de exploração* – casos diferentes, mesmo assim, daqueles outros de intervenção do Estado na gestão de empresas de particulares, como após aquela data tantas vezes sucedeu, sem que daí resultasse porém a apropriação pública do direito de sua exploração, isto é, a percepção pelo Estado dos rendimentos produzidos pela empresa intervencionada (que continuavam, pelo menos, formalmente, a pertencer aos respectivos titulares – ou se se trata antes de reprivatizar apenas o direito de exploração de empresas ou bens cuja *titularidade* haja sido nacionalizada e se mantenha encabeçada no Estado.

Admitindo-se a existência de nacionalizações que tivessem tido como objecto imediato direitos de exploração – e até empresas detentoras apenas desses direitos, extintas depois por confusão do respectivo objecto com o da titularidade do bem explorado como ocorreria com a exploração de recursos mineiros ou de bens dominiais, ambos pertencentes *ope legis* ao Estado –, entendemos que qualquer uma daquelas hipóteses pode caber no conceito de reprivatização do direito de exploração de bens ou meios de produção nacionalizados.

Uma nota final apenas para dizer, em consonância com o que referimos a propósito da reprivatização da titularidade de bens, serem raras as disposições da Lei-Quadro que, para além do art. 1º, se referem explicitamente à reprivatização que tem como objecto o *direito de exploração* de empresas ou bens: fazem-no apenas os arts. 5º/1 e 26º/1. Mas também aqui haverá lugar à aplicação de outras normas da lei, ou porque não se distingue nelas o seu objecto ou porque são passíveis de aplicação (extensiva ou analógica) adaptada ao caso com que nos defrontamos.

6. No pressuposto de que seria verdadeira a tese atrás expendida quanto à inclusão no regime da Lei nº 11/90 das reprivatizações minoritárias (mesmo das que não sejam levadas a cabo no contexto de um processo ou programa de reprivatização do capital de uma empresa em várias *tranches* ou parcelas), excluir-se-iam então do objecto desta Lei-Quadro:

- Por disposição constitucional (293º/2)
  - *i)* os procedimentos de reprivatização de pequenas e médias empresas que tenham sido indirectamente nacionalizadas (por a maioria do seu capital pertencer a empresas nacionalizadas depois de 25 de Abril de 1974), as quais devem ser reprivatizadas "*nos termos da lei*", sim, mas não da lei de valor reforçado a que se refere o nº 1 deste mesmo art. 293º, mas da lei a que se refere a alínea *l)* do art. 165º/1 da CRP (com reserva do que dizemos no subsequente comentário nº 7);
- Por não caberem na própria previsão da referida norma constitucional e do art. 1º da Lei-Quadro;
  - *ii)* os procedimentos de reprivatização de empresas ou bens nacionalizados antes de 25 de Abril de 1974;

iii) os procedimentos de privatização das empresas e bens que tenham estado sempre na titularidade pública;

iv) os procedimentos de reprivatização de bens publicamente apropriados por medida não nacionalizadora;

v) os procedimentos de alienação de participações sociais que tenham sido indirectamente nacionalizadas depois dessa data;

vi) os procedimentos de alienação de participações sociais públicas abertos apenas a entes públicos.

- Por determinação do art. 2º da Lei Quadro

vii) os procedimentos de reprivatização, até ao máximo legal de 49%, do capital das empresas cuja actividade esteja vedado a privados, se fosse verdadeira a tese de que não haveria aí reprivatização do capital de tais empresas (do que se duvida, como já dissemos, por não sc confundir a transferência sectorial da empresa, que é proibida, com a privatização permitida de 49% do seu capital).

7. É questionável – dada a fórmula eventualmente ampla de que se revista a respectiva previsão, como no caso do art. 5º (sobre a avaliação prévia) ou dos arts. 21º e 22º (sobre a incompatibilidade e proibição de aquisição por parte de membros de eventuais comissões de acompanhamento) – se disposições dessas da Lei-Quadro porventura se aplicam ou devem aplicar-se validamente também a procedimentos de mera privatização de bens ou empresas públicas ou de *reprivatização* de empresas ou bens não abrangidos pelo art. 293º/1 da CRP e pelo art. 1º de tal Lei.

Em relação a alguns dos princípios e exigências básicas dessa lei, pronunciaram-se afirmativamente Gomes Canotilho e Vital Moreira, *Constituição da República Anotada*, 4.ª ed., p. 1034; contra, ao que parece, Paulo Otero, *Privatizações ...*, cit., p. 46.

Uma primeira premissa para responder à questão parece-nos ser a de que, querendo o legislador constituinte que operações como, por exemplo, as nacionalizações e as privatizações sejam feitas ao abrigo de uma lei da Assembleia da República (ou do Governo, com sua autorização) – como resulta claramente da alínea *l)* do art. 165º/1 da CRP – uma de duas: ou se publica essa lei e as privatizações e reprivatizações não abrangidas pela Lei-Quadro ficam a ela sujeitas ou, então, enquanto ela não vier, essas operações ou não se fazem ou, a irem por diante, hão-de sujeitar-se às disposições da Lei nº 11/90, não nos parecendo que seja compatível com a mencionada disposição da alínea *l)* do art. 165º/1 da CRP produzir uma lei (ou decreto-lei autorizado) de privatização para cada empresa, capital ou bem que se quisesse transferir para o sector privado, pois, mesmo tratando-se de uma norma de competência, essa disposição constitucional assenta claramente no pressuposto de que as operações abrangidas na sua previsão se hão-de realizar ao abrigo de normas gerais e abstractas, de regimes gerais, aplicáveis a cada uma das categorias de operações (intervenções, expropriações, nacionalizações e privatizações) aí contempladas.

Duvidoso é se, a aplicarem-se, com qualquer fundamento, disposições da Lei-Quadro a esses processos não directamente abrangidos pela norma do respectivo art. 1º, elas careceriam então do valor reforçado que o preceito constitucional do art. 293º/1 confere às normas reguladoras das reprivatizações por si abrangidas – e então os decretos-leis concretos das operações de privatização ou reprivatização não incluídas nesse preceito ou no da Lei-Quadro poderiam derrogar as disposições dessa Lei na parte respectiva – ou se deveria assegurar-se à mesma a proeminência paramétrica daquela Lei nº 11/90.

Questão a que responderíamos pela afirmativa não apenas (nem sobretudo) por causa da função constitucionalmente substitutiva que as suas normas teriam, mas porque os processos de privatização e reprivatização não incluídos na Lei-Quadro deveriam ser titulados por despachos, portarias ou resoluções, sempre subordinados à lei, qualquer que ela seja – e não por decretos-leis, como sucede com as reprivatizações de que tratamos – por a competência legislativa na matéria caber, como vimos, à Assembleia da República.

Mas também podemos interrogarmo-nos se tais processos de privatização e reprivatização não abrangidos directamente pelo art. 293º da CRP e pela Lei-Quadro nº 11/90, quando esteja em causa a alienação do capital de empresas pertencentes ao Estado, não deveria antes considerar-se sujeito à Lei nº 71/88, de 24 de Maio, em que se contém o *Regime de Alienação de Participações do Sector Público* – questão a que respondemos negativamente.

Em primeiro lugar, mais não fosse, porque a lei geral reguladora das privatizações (como a das nacionalizações, etc.) tem hoje, no seio do nosso sistema constitucional, um lugar e uma dignidade especiais, sendo emitida especificamente como tal, com destaque e influência das suas finalidades, do seu *programa* e opções políticas, ao abrigo de uma competência legislativa reservada da Assembleia da República, conferida pela alínea *l)* do art. 165º/1 da CRP, como norma condicionante e paradigmática de todos os concretos processos de privatização (ou de reprivatização) de bens nacionalizados antes de 25 de Abril de 1974.

Em segundo lugar, porque, enquanto as alienações reguladas na Lei nº 71/88 – que não foi emitida ao abrigo de competência especial alguma, mas apenas dos arts. 164º/2 e 169º/2 da versão de 1982 da CRP – correspondem a operações *ad hoc*, digamos assim, decididas por razões de carácter administrativo, nomeadamente financeiro ou para concentração da entidade vendedora apenas em participações ou funções estratégicas, já as privatizações, cada uma delas ou uma categoria sua, como assinalámos a propósito da respectiva noção, inserem-se num processo ou programa político-legislativo intencionalmente organizado com vista à transferência de certa actividade ou empresa do sector público para o sector privado.

8. A escala hierárquica das normas *dispositivas* nacionais dos concretos processos de reprivatização abrangidos pela Lei nº 11/90 é composta descendentemente:

- pela *Constituição* – pelo art. 293º, especificamente, e por todas as suas restantes normas e princípios que disponham sobre aspectos ou questões suscitáveis no processo de reprivatização;
- a seguir, por essa Lei nº 11/90, a *Lei-Quadro das Privatizações*, como lei de valor reforçado;
- em terceiro lugar, pelo *decreto-lei* de reprivatização emitido ao abrigo dos arts.. 4º (6º/4, 7º) e 13º dessa Lei-Quadro;
- depois, pela *resolução* do Conselho de Ministros a que se refere o respectivo art. 14º e pelos *programas de concursos* e (ou) *cadernos de encargos* por ele aprovados, se for essa a interpretação que deve dar-se ao referido art. 14º da Lei;
- ou, inclusivamente, por esses *diplomas regulamentares* quando, no exercício de eventuais poderes de auto-regulação, desenvolvam os comandos ou directrizes da *resolução*.

Pelo contrário, entendemos que a Lei nº 71/88, de 24 de Maio – que regula a alienação por entes públicos (Estado incluído) de participações sociais por si tituladas, incluindo as de sociedades de capitais exclusivamente públicos – não integra a escala *dispositiva* do complexo normativo do processo de (re)privatização de empresas ou bens nacionalizados após o 25 de Abril de 1974, tendo ficado dito acima, no comentário nº 7, as razões por que nem sequer considerávamos as disposições desse diploma directamente aplicáveis às privatizações e reprivatizações não abrangidas pelo art. 293º da CRP.

Não tendo força dispositiva em matéria de reprivatizações, nada obsta, naturalmente, a que a citada Lei nº 77/88, de âmbito geral, sirva de instrumento interpretativo ou integrativo das dúvidas e lacunas de que o regime jurídico geral ou especial das reprivatizações padeça, quando os requisitos da interpretação extensiva ou do recurso à analogia, em direito administrativo o permitam ou recomendem.

9. Limitamo-nos aqui a realçar, porque também são parâmetros (os primeiros, de resto) da validade dos processos de reprivatização, os *princípios e disposições de direito comunitário* cuja aplicabilidade em matéria de reprivatizações é mais provável, destacando-se os relativos ao *direito de estabelecimento* (cf. artigo 49º e ss.), à *livre circulação de capitais* (cf. artigo 63º e ss.), às *regras de concorrência aplicáveis às empresas* (cf. artigo 101º e ss.) e aos *auxílios de Estado* (cf. artigo 107º e ss.), todos do TFUE.

10. É o próprio art. 293º/1 da CRP – ao dispor que "*[l]ei quadro, aprovada por maioria absoluta dos Deputados em efectividade de funções, regula a reprivatização [...]*" das empresas e dos bens nacionalizados depois do 25 de Abril de 1974 – que erige a Lei nº 11/90 no diploma *infra-constitucional*, que é premissa, condicionante e limite dos regimes a aplicar nesta matéria.

Daí resulta:

- estarmos perante uma *lei de valor reforçado*, daquelas a que se refere o art. 112º/3 da Constituição por constituir, desde logo, pressuposto normativo necessário, directo e indirecto, de todos os diplomas que especificamente procedam à reprivatização de cada empresa ou bem nacionalizado após aquela data e desenvolvam o respectivo regime, ou seja, por constituir suporte ou habilitação normativa (directa ou indirecta) desses diplomas sob pena de, na ausência dela, todos eles ficarem sem a respectiva *base legal*, sendo essa falta de sua habilitação numa lei-quadro sindicável por qualquer tribunal (desaplicando-os) ou pelo Tribunal Constitucional (declarando-os inválidos com força obrigatória geral), nos termos dos arts. 204º, 280º e 281º da CRP e dos arts. 51º e ss. e 69º e ss. da Lei do Tribunal Constitucional;
- a sujeição específica da própria Lei-Quadro de valor reforçado (e de qualquer um dos diplomas nela baseados) aos princípios ou regras alinhados no art. 293º da CRP, para além, claro, da sua sujeição a todas as normas e princípios constitucionais que sejam relevantes no que respeita à sua emissão, conteúdo ou fim;

– deverem todos os diplomas legislativos ou regulamentares, substantivos ou procedimentais, de desenvolvimento ou aplicação da Lei-Quadro de valor reforçado, ser conformes ou compatíveis com as disposições dela – e com as do diploma que imediatamente os antecede na respectiva escala dispositiva (ver comentário nº 10) –, sob pena ou de invalidade reforçada naquele primeiro caso, a aferir ou a sindicar nos termos dos arts. 204º, 280º e 281º da Constituição ou, nos restantes casos, de "mera" invalidade.

11. Todos os princípios das diversas alíneas do art. 293º/1 têm tradução explícita na Lei-Quadro, sendo que as discrepâncias entre a sua alínea *a)* e o art. 6º da lei, aquela aparentemente de previsão e de estatuição mais amplas do que as desta, se justifica por estar em causa uma mera actualização técnica da conceptuologia constitucional (ver comentários ao art. 6º/2).

Quanto aos restantes princípios do art. 293º/1 da CRP, encontram-se eles representados e, às vezes, desenvolvidos:

– o da alínea b), no art. 16º da Lei-Quadro
– o da alínea c), no seu art. 19º
– o da alínea d), no seu art. 12º
– o da alínea e), no seu art. 5º

12. A Lei-Quadro aqui em causa é da *reserva absoluta* de competência da Assembleia da República (art. 293º/1 da CRP), não se admitindo na matéria autorização legislativa ao Governo, sendo a aprovação, modificação e revogação dela, ao contrário das leis comuns da Assembleia da República – sujeitas à regra da mera pluralidade de votos, descontadas as abstenções (art. 116º/3 da CRP) – votadas pela maioria absoluta de deputados em exercício efectivo de funções (art. 293º/1, *ibidem*).

Por sua vez, quando estiver em causa a simples privatização ou reprivatização de meios de produção ou de bens excluídos da previsão do art. 293º da CRP, a respectiva disciplina está sujeita ao regime de *reserva relativa* da competência da Assembleia da República, nos termos da alínea *l)* do art. 165º/1 da Constituição, assumindo a lei ou decreto-lei correspondentes, quando publicados, também o carácter de norma-quadro dos diplomas das concretas (re)privatizações subsequentes - aplicando-se, na sua falta, uma das alternativas que adiantámos acima, no comentário nº 7.

ARTIGO 2º
Empresas excluídas

O capital das empresas a que se refere o nº 3 do artigo 86º da Constituição e que exerçam a sua actividade principal em alguma das áreas económicas definidas na lei só pode ser privatizado até 49%.

Comentário

1. *O sentido e alcance do preceito legal: sua inconstitucionalidade*
2. *Aplicação às privatizações e reprivatizações*
3. *A reprivatização do direito de exploração no domínio dos sectores vedados*
4. *Sectores vedados: enunciado*

1. A formulação deste art. 2º - remetendo para as "*empresas a que se refere o nº 3 do art. 86º da Constituição*" e também para uma lei inidentificada (nem sequer pelo seu objecto) - é mais um exemplo das deficiências técnicas do "nosso" diploma, que deveria remeter-se directamente para a privatização "minoritária" em sectores básicos de acesso vedado a empresas privadas e para a denominada *Lei de Delimitação dos Sectores* (que continua a ser a Lei nº 88-A/97), não aparecendo contudo, na previsão legal, qualquer um desses termos seus identificadores.

Resulta então deste art. 2º, uma vez identificados os seus termos, estar o legislador a referir-se à (im)possibilidade de privatização do capital de empresas de mão pública que exercem a sua actividade em sectores de acesso vedado à iniciativa privada pela Lei nº 88-A/97, de 25 de Julho, não permitindo a transferência de mais de 49% desse capital - proposição legal de que já atrás tirámos importantes consequências delimitadoras do âmbito de aplicação desta Lei-Quadro.

O que pareceria significar que, se a actividade exercida no sector vedado (mesmo chegando a 49,9%) não for a actividade principal da empresa em causa, por haver outra a que ela se dedica a 50,1%, poderia o seu capital ser (re)privatizada na totalidade – faltando saber, porém, se essa leitura é conforme com o art. 86º/2 da CRP.

Diríamos que não.

Na verdade, do mesmo modo que não consideramos a disposição deste art. 2º como absolutamente (mas só parcialmente) redundante – pois que a privatização de capital até poderia chegar aos 49,9% –, o certo é que ela restringe tal proibição àquelas empresas que exerçam a actividade vedada a título principal, quando da conjugação do art. 86º/3 da CRP com o art. 1º da tal Lei nº 88-A/97 o que resulta é que as empresas privadas não podem exercer tal actividade seja título principal ou secundário: é-lhes pura e simplesmente vedado qualquer exercício dessa actividade (que não seja com base numa concessão).

Parece-nos portanto materialmente inconstitucional a referida disposição, que nem sequer limita a sua estatuição proibitiva àquelas empresas que, entre as respectivas actividades principais, exerçam uma vedada a particulares.

2. Suscitam-se dúvidas sobre se o preceito se refere à *reprivatização* de 49% do capital de empresas nacionalizadas pós-25 de Abril que exerçam a sua actividade principal num sector reservado, como resulta da conjugação dos arts. 1º e 2º da Lei – conjugação nela não encomendada, note-se, como o deveria ser se fosse querida – ou à *privatização* de 49% do capital de quaisquer empresas públicas dos sectores reservados, como resultaria de uma leitura cingida do art. 2º.

É que, ainda por cima, ao contrário dos restantes preceitos da Lei-Quadro, este seu art. 2º só se refere literalmente a *privatizações*, já não a reprivatizações, embora estas, como é evidente, também tenham que considerar-se sujeitas ao limite dos 49% (re)privatizáveis, pelo que a resposta é a mesma para empresas nacionalizadas ou não depois de 25 de Abril de 1974, embora os fundamentos em que a baseamos sejam diversos.

Sobre a vinculatividade da proibição do preceito em relação a (re)privatizações não abrangidas pelo art. 293º/1 da CRP, ver comentários n.os 5 e 6 ao art. 1º.

3. A norma deste art. 2º respeita literalmente apenas à (re)privatização do *capital*, isto é, da *titularidade* das empresas aqui em causa, sugerindo então que poderia reprivatizar-se o direito de sua exploração na totalidade - proposição que só teríamos por adequada se se entendesse, como nos parece dever entender-se, que a *concessão* da respectiva exploração, necessariamente temporária, envolveria tal reprivatização (ver o que acima se disse, no comentário nº 5 do art. 1º).

Nesse caso, conjugando esta disposição com a do art. 1º da Lei dc Delimitação de Sectores, a Lei nº 88-A/97, de 25 de Julho, aceitaríamos, mas já não por mero argumento *a contrario*, a possibilidade de privatizar ou reprivatizar na totalidade (e não apenas a 49%) o direito de exploração de uma actividade vedada à iniciativa ou ao empresariado privado pela Lei de Delimitação de Sectores.

4. A delimitação dos sectores vedados à iniciativa privada - conceito distinto das *reservas* ou *exclusivos públicos* que correspondem, por exemplo à exploração de bens públicos, dominiais ou não, ou a actividades de serviço público - é, de acordo com a alínea *j)* do art. 165º/1 da CRP, da reserva relativa de competência legislativa da Assembleia da República e encontra-se hoje posta na já citada Lei nº 88-A/97, de 25 de Julho.

Salvo em regime de concessão, estão então vedadas à iniciativa privada, nos termos e circunstâncias referidos nas disposições desse diploma, as actividades de:

- abastecimento de água através de redes fixas e todas as tarefas com ele relacionadas (captação, adução, tratamento, etc.);

- recolha, tratamento e rejeição de águas residuais;
- recolha e tratamento de resíduos sólidos urbanos;
- serviço público de correios;
- transportes ferroviários de serviço público;
- construção e exploração de portos marítimos.

ARTIGO 3º
Objectivos

As reprivatizações obedecem aos seguintes objectivos essenciais:

a) Modernizar as unidades económicas e aumentar a sua competitividade e contribuir para as estratégias de reestruturação sectorial ou empresarial;
b) (*Revogada*)
c) Promover a redução do peso do Estado na economia;
d) (*Revogada*)
e) (*Revogada*)
f) (*Revogada*)
g) Promover a redução do peso da dívida pública na economia

Nota:
- A alínea b) dispunha
"Reforçar a capacidade empresarial nacional"
- A alínea d) dispunha
"Contribuir para o desenvolvimento do mercado de capitais"
- A alínea e) dispunha
"Possibilitar uma ampla participação dos cidadãos portugueses na titularidade do capital das empresas, através de uma adequada dispersão do capital, dando particular atenção aos trabalhadores das próprias empresas e aos pequenos subscritores"
- A alínea f) dispunha
"Preservar os interesses patrimoniais do Estado e valorizar os outros interesses nacionais"

Comentário

1. Objectivos essenciais e secundários das reprivatizações; consequências da sua violação

1. Chama-se a atenção para a identidade parcial entre os objectivos das (re)privatizações, estabelecidos neste art. 3º, e os destinos das respectivas receitas, previstas no art. 16º.

E sublinha-se a redução (de 7 para 3), na nova versão da Lei-Quadro, dos objectivos a prosseguir através da reprivatização, fosse por redundância, como no caso dos objectivos das alíneas *b)* e *f)* – já subsumíveis nos da alínea *a)* –, fosse por desactualização face às despreocupações contemporâneas com os fundamentos ideológicos que lhes subjaziam, como no caso do objectivo da alínea *e)*, ou então, por se tratar de objectivos não essenciais, como no caso da alínea *d)*.

Cingiram-se assim os objectivos *essenciais* das reprivatizações – embora possam prosseguir-se *secundariamente* outros quando um daqueles estiver determinantemente presente – às referidas finalidades objectivas de carácter económico (ou produtivo) e financeiro e que devem nortear tanto a reprivatização da totalidade do capital de uma empresa (ou do direito de sua exploração) quanto a de apenas uma parcela sua, mesmo minoritária, ou de parte de um bem nacionalizado.

Os objectivos aqui essencialmente delineados exaurem, se bem que através de expressão e distribuição diferentes, os referidos na alínea *b)* do art. 293º/1 da Constituição, não se suscitando por aí qualquer problema de invalidade da Lei-Quadro.

Onde pode haver problemas desses é no facto de os decretos-leis de (re)privatização de um bem ou de uma empresa assumirem ou revelarem ser seus objectivos essenciais outros que não os previstos nessa norma constitucional ou no art. 3º da Lei-Quadro, caso em que tais diplomas incorreriam em inconstitucionalidade ou ilegalidade reforçada, sindicáveis nos termos dos arts. 204º, 280º e 281º da CRP.

ARTIGO 4º
Transformação em sociedade anónima

1 – As empresas públicas a reprivatizar que não possuam a forma de sociedades anónimas serão transformadas nesse tipo de sociedade, mediante decreto-lei, aplicando-se para o efeito o disposto na presente lei.

2 – O diploma que operar a transformação aprovará também os estatutos da sociedade anónima, a qual passará a reger-se pela legislação comum das sociedades comerciais em tudo quanto não contrarie a presente lei.

3 – A sociedade anónima que vier a resultar da transformação continua a personalidade jurídica da empresa transformada, mantendo todos os direitos e obrigações legais ou contratuais desta.

Comentário

1. *A leitura do nº 1 à luz do seu contexto histórico: a (des)necessidade de transformação das empresas a reprivatizar em sociedades anónimas*
2. *A transformação em sociedade anónima no caso de privatização minoritária*
3. *O âmbito da norma sobre a alteração legislativa de estatutos*
4. *Alcance da alteração estatutária de anteriores sociedades anónimas públicas*
5. *A eventual inclusão nos novos estatutos de derrogações à lei comercial*
6. *A alterabilidade societária dos estatutos decretados por lei: excepções*
7. *Os momentos juridicamente relevantes da sucessão da sociedade anónima e da responsabilização do seu património e administradores*
8. *Os reflexos, na sucessão da sociedade anónima, de omissões e erros informativos do processo de reprivatização e de actos danosos de anteriores gestões*

1. O art. 4º da Lei-Quadro deve ser lido e analisado no contexto temporal da primitiva redacção da Lei nº 11/90, de 5 de

Abril, numa época em que o conceito legal *empresa pública* era aplicável a uma categoria de entidades empresariais do Estado, criadas por decreto-lei e dotadas de um regime misto de direito privado e de direito público, consoante a maior ou menor relevância empresarial ou pública do respectivo objecto, tendo todas elas, não obstante isso, uma forma jurídico-pública própria, as *empresas públicas* (ou, abreviadamente, E.P.), sendo dotadas de um específico regime jurídico do ponto de vista orgânico e funcional que as diferenciava profundamente das sociedades que fossem constituídas, nos termos da lei comercial, como sociedades anónimas, mesmo sendo o seu capital totalmente pertencente ao Estado (ou a outras entidades públicas que, para estes efeitos, lhe fossem equiparadas).

A transferência para o sector privado dessas empresas do sector público implicava assim, antes de mais, a modificação da sua forma exclusivamente pública para uma forma societária que pudesse conviver com a respectiva titularidade privada.

Bem se dizia, portanto, no art. 1º da Lei nº 11/90, emitido nesse contexto, que "*[a]s empresas públicas a reprivatizar serão transformadas, mediante decreto-lei, em sociedades anónimas [...]*".

Tal enquadramento e classificação do sector empresarial do Estado já não existe hoje em dia. Temos, sim, por força do Decreto-Lei nº 558/99 (de 17 de Dezembro)

i) as *empresas públicas*, em sentido estrito, que são "*sociedades constituídas nos termos da lei comercial*", sociedades anónimas em geral, cujo capital é detido maioritária ou exclusivamente pelo Estado ou outros entes públicos estatais (art. 3º);

ii) as *entidades públicas empresariais* (ou E.P.E.), que são pessoas colectivas de direito público, com natureza empresarial, criadas por decreto-lei e sujeitas em parte significativa a um regime orgânico e funcional publicístico, sendo detidas na totalidade pelo Estado ou outras entidades públicas (art. 23º).

Deve assim, em princípio, cingir-se o âmbito do nº 1 deste art. 4º – sobre a transformação em sociedades anónimas, por decreto-lei, das "*empresas públicas a reprivatizar que não possuam essa forma*" societária – às referidas *entidades públicas empresariais* dos arts. 23º e ss. do Decreto-Lei nº 558/99 (de 17 de Dezembro), por isso que as outras empresas públicas já revestem a forma de sociedades anónimas e não carecem, portanto, de tal transformação.

Sem esquecer que os processos de reprivatização de empresas nacionalizadas que não tenham o estatuto de empresa pública (isto é, hoje, de sociedades anónimas), como se prevê no art. 25º da Lei-Quadro, também são desencadeados por decretos-leis de transformação da respectiva forma jurídica e sem esquecer ainda que, mesmo naqueles casos em que não haja de proceder-se a essa transformação, hão-de existir, como tudo vai ver-se adiante, decretos-leis sujeitos praticamente às mesmas exigências que a Lei-Quadro põe para aqueloutros, ainda que neles não haja transformação da forma de um ente noutra.

Em conclusão: da norma em apreço resulta, pois, o princípio de que todas as empresas – melhor, de que todos os conjuntos de meios de produção que revistam forma empresarial – devem assumir, para efeitos de reprivatização, a forma de sociedade anónima.

Pelo que, de duas uma: ou elas já se encontram organizadas nessa forma societária, sejam ou não empresas públicas (respectivamente, arts. 4º e 25º), e não carecem de qualquer modificação – sem prejuízo das alterações de carácter estatutário e das adaptações que o processo exigir –, ou torna-se necessário convertê-las (ou transformá-las) previamente na forma legalmente exigida (de sociedade anónima) e dotá-la dos respectivos estatutos, mediante decreto-lei governamental.

2. Por outro lado, de acordo com o nº 1 deste art. 4º, todas as entidades públicas empresariais (no sentido do Decreto-Lei nº 558/99, de 17 de Dezembro) ou quaisquer outras entidades públicas a reprivatizar ao abrigo da Lei-Quadro sem forma de sociedade anónima – esteja em causa a totalidade ou apenas uma percentagem, ainda que minoritária, do seu capital (se se entender estarmos aí também, como alvitrámos a propósito do art. 1º, perante uma operação de reprivatização subsumível na Lei-Quadro)- adoptarão a forma de sociedade anónima para permitir a integração do capital privado correspondente à parcela alienada.

nº 2

3. E a norma do nº 2 deste art. 2º – sobre a aprovação de estatutos da sociedade anónima a reprivatizar a que o decreto-lei de transformação referido no nº 1 também deverá proceder – deve ser lida com esse alcance restrito, de só nesse caso haver lugar a uma aprovação de estatutos da nova sociedade?

Respondemos que não.

E nem nos referimos àqueles casos em que, por meras razões terminológicas, a sociedade reprivatizada não pode viver (ou ser reprivatizada) com a denominação que tinha – por exemplo, Sociedade Estatal dos Vinhos do Douro – ou com a sede onde se domiciliava – por exemplo, no Instituto da Vinha e do Vinho.

O problema é que, se não se procedesse a uma interpretação (correctiva ou) extensiva dessa disposição – e igualmente dos n.os 1 e 2 do art. 13º da lei, que literalmente também aparecem referidos apenas aos futuros decretos-leis de transformação das empresas a reprivatizar em sociedades anónimas –, se não fosse assim, dizia-se, então as empresas públicas que já "possuíssem" a forma de sociedades anónimas seriam reprivatizadas sem alteração (legislativa) de estatutos. Quando, como é natural, muitas delas têm mais ou menos reminiscências públicas do tempo em que pertenciam ao Estado, que se impõe serem agora expurgadas da lei social.

Aliás, uma leitura cingidamente reportada ao decreto-lei do nº 1 faria com que todas as outras disposições a ele literalmente reportadas – como é o caso, por exemplo, da definição do processo, das condições e das preferências a observar na sua reprivatização, que de tudo isso a Lei-Quadro manda tratar nos tais decretos-leis de transformação da forma empresarial – deixassem de existir quando não houvesse tal transformação. E o mesmo se diria, aliás, absurdamente, quanto à disposição do nº 3 do referido art. 4º da Lei (sobre a continuação da respectiva personalidade jurídica e a sucessão em todos os respectivos direitos e obrigações) também reportada legalmente apenas àqueles casos em que há transformação da empresa a reprivatizar em sociedade anónima.

Que não é assim, porém, revelam-no claramente (além do mais que no comentário nº 4 se dirá) não só a norma do art. 25º – que se refere precisamente à reprivatização de empresas nacionalizadas que não tenham o estatuto de empresas públicas, sujeitando-a (tal reprivatização) à disciplina desta lei-quadro –, mas igualmente a disposição do respectivo art. 13º/1, a qual, embora também só refira literalmente a regulação das condições de cada operação de reprivatização aos diplomas de transformação das empresas reprivatizáveis em sociedades anónimas, é irremediável e incontroversamente de aplicação a qualquer processo de reprivatização abrangido pela presente Lei, independentemente da forma jurídica da empresa a reprivatizar, pedindo, assim, uma interpretação (correctiva ou) extensiva igualmente dos n.os 2 e 3 do respectivo art. 4º.

4. A aprovação por decreto-lei dos estatutos da sociedade anónima total ou parcialmente reprivatizada – decreto que, na falta da transformação prevista no nº 1, corresponde também ao acto constitutivo, melhor, ao acto conformador (e, eventualmente, de abertura) de cada um dos concretos processos de reprivatização, como resulta deste art. 4º e dos arts. 7º e (sobretudo) 13º da Lei-Quadro –, essa aprovação legislativa dos estatutos é, já se disse, uma exigência praticamente comum a qualquer processo de reprivatização, pois que, salvo casos excepcionais, mesmo as sociedades anónimas de capital exclusiva ou maioritariamente público (fruto de anterior nacionalização e) que agora vão ser reprivatizadas, apesar do processo de "societarização" dos seus estatutos ocorrido nos anos mais recentes, têm sempre reflexos estatutários dessa anterior pertinência pública e de uma ou outra sujeição a regimes empresariais públicos, que se faz mister suprimir ou alterar na sua passagem a entidades privatizadas.

São de suprimir portanto, nos estatutos da anterior sociedade anónima de capital público, todas as normas, formal ou materialmente, explícita ou implicitamente ligadas à presença do accionista público na sociedade ou que assentassem no pressuposto da sua existência: pertença do capital, direitos especiais (caso tenham sido criados *intuitu personae*) convocatórias e representação em assembleias, tutela governamental, destino dos lucros, etc.

5. Podem os anexos estatutários dos decretos-leis de reprivatização conter, além de tudo o que for "comercialmente" pertinente, referência explícita aos aspectos ou às disposições estatutárias que (em virtude da reserva da parte final do art. 4º/2 da Lei-Quadro) constituam concretização de disposições constantes de tal lei e devam portanto prevalecer sobre o estatuído no Código das Sociedades Comerciais (CSC), nomeadamente quando se trata de cláusulas que derrogam princípios comuns e usuais do mercado societário.

É o caso, por exemplo, das disposições - mais dignas ou relevantes, umas do que outras - da alínea *a)* do nº 3 e do nº 4 do art. 6º, no que respeita a garantias temporárias de estabilidade dos accionistas, dos arts. 11º e 12º, relativamente à intransmissibilidade temporária das acções adquiridas em condições especiais por pequenos subscritores e trabalhadores, do art. 21º, que alarga a lista das incompatibilidades legais estabelecida no Código das Sociedades Comerciais para o desempenho de cargos sociais (nas empresas reprivatizadas), e do art. 22º, que, em casos de concursos limitados ou de venda directa, impede a aquisição das acções das empresas a reprivatizar aos membros de Governo e das comissões especiais de acompanhamento.

É evidente que, dada a natureza imperativa das normas legais enunciadas, não é necessário que os estatutos estabeleçam preceitos correspondentes para que os referidos comandos sejam observados. Fundamental é, por um lado, que não se perca de vista esses ónus e limitações adicionais e que não se inscrevam nos estatutos normas que contradigam as correspondentes disposições imperativas dessa Lei e, por outro lado, que essas restrições legais às normas e usos societários sejam dados a conhecer a quem quer que esteja interessado em tomar posição na sociedade e que, por desconhecimento, parta naturalmente do pressuposto (erróneo) da total aplicação da lei societária, parecendo assim que uma menção nos estatutos a essas restrições específicas seria a forma mais transparente de as dar a conhecer.

6. Não existe norma explícita ou implícita que vincule os novos accionistas a "viverem" com os estatutos legalmente decretados – para além daquela que subordina a aplicação da lei comercial à sua conformidade com o disposto na própria Lei-Quadro ou daquilo que nesses estatutos seja posto em concretização desta lei, como resulta implicitamente da parte final do seu art. 4º/2 –, sendo evidente que o decretamento preliminar dos estatutos da sociedade, mesmo aprovados por decreto-lei, não preclude a possibilidade de lhes introduzir alterações logo a seguir à transferência da titularidade do seu capital.

Uma vinculação genérica aos estatutos decretados constituiria uma medida estatal de duvidosa compatibilidade com o TFUE, em especial com os seus artigos 49º e 63º, respectivamente concernentes à liberdade de estabelecimento e à liberdade de circulação de capitais.

Mas já não é assim em relação aos tais aspectos a que se refere a parte final do art. 4º/2 da Lei-Quadro, que correspondem àqueles casos em que, no decreto-lei estatutário (ou em documento adrede igualmente vinculativo), se obriga a sociedade reprivatizada, os seus titulares, com respeito pelo princípio da proporcionalidade, a observarem determinada conduta, por razões objectivamente justificadas e apenas durante o tempo considerado estritamente indispensável.

É o que sucede, por exemplo, no que respeita às tais garantias de estabilidade do corpo ou núcleo dos novos accionistas nos casos previstos na alínea *a)* do seu art. 6º/3.

Não se exclui, além disso, liminarmente, que o decreto-lei "estatutário" vede por tempo determinado a alteração pelos accionistas de quaisquer outras das suas disposições: quanto a tal possibilidade, além de observar o princípio da proporcionalidade (entre o tempo fixado e o propósito que se quer alcançar), deve ela harmonizar-se com os interesses subjacentes aos princípios jurídico-societários aplicáveis, nomeadamente os que subjazem à cogente alterabilidade do contrato de sociedade, afastando a legitimidade de introduzir limitações à eventual modificação deste documento, excepto, nestes casos, isto é, em circunstâncias de exigentes interesses públicos fundacionais e em matéria de novas obrigações sociais, cuja criação está dependente da vontade de todos os accionistas afectados, como previsto no art. 86º, nº 2, do CSC.

nº 3

7. Embora a fórmula literal da lei não seja lá muito clara, permitindo questionar se o legislador quis ligar o efeito constitutivo da transformação da entidade pública em sociedade anónima à entrada em vigor do decreto-lei referido no nº 1 ou (pelo menos, no caso de reprivatização total ou maioritária) ao momento em que se dá a transmissão da titularidade da empresa para mãos privadas, mesmo assim, não nos ficam dúvidas de que essa alternativa deve ser resolvida no primeiro dos sentidos mencionados.

Não havendo hiato temporal ou jurídico entre o momento em que a entidade nacionalizada se transforma na sociedade anónima, apenas podem suscitar-se dúvidas quanto ao momento em que ocorre a "passagem da pasta", digamos assim, para capitais privados – o que não deixa de ser juridicamente relevante, pelo menos, para saber se foram praticados (por quem tinha poderes para tal) actos que obriguem a entidade pública que ainda existia ou, antes, a sociedade anónima já existente, e para determinação, por outro lado, dos administradores e demais titulares de órgãos sociais a quem devem imputar-se as consequências de acções ou omissões funcionais legalmente geradoras de responsabilidade pessoal.

Continuando a sociedade anónima a personalidade jurídica da empresa reprivatizada — que, já se viu, é regra aplicável haja ou não alteração da respectiva forma jurídica —, diríamos que a responsabilidade da empresa e gestores públicos só cessa quando os administradores da sociedade anónima "privada" estiverem em condições de praticar actos que obriguem a sociedade, ou seja, salvo disposição estatutária em contrário, logo após o termo da assembleia de sua eleição, não sendo necessário aguardar pela formalização da respectiva deliberação (em acta) ou sequer pela inscrição no registo comercial dos novos responsáveis pela gestão da empresa entretanto reprivatizada.

8. A sociedade anónima reprivatizada não deixa de suceder nos direitos e obrigações da empresa ou sociedade públicas, objecto da reprivatização, pelo facto de ter havido erros ou omissões na informação prestada ao público ou potenciais adquirentes, antes ou no decurso da fase de reprivatização.

Isso, sem prejuízo claro de o Estado e eventualmente as pessoas a quem tais erros e omissões forem imputáveis responderem perante os adquirentes (do bem ou) da empresa reprivatizada pelo preço que estes pagaram e não teriam pago se conhecessem a verdadeira situação dela - se não se der mesmo o caso de a aquisição dever se anulada por erro na formação da vontade.

São matérias sobre que nos debruçamos adiante, em comentário ao subsequente art. 5º

Aqui, importa é assinalar que, de entre os direitos "herdados" pela sociedade anónima - e pelos seus (novos) accionistas - se mantêm os relativos à possibilidade de responsabilização dos anteriores gestores por actos culposos praticados no exercício das suas funções e que tenham redundado em prejuízos por que agora a sociedade reprivatizada seja responsável, no quadro das regras aplicáveis em matéria de responsabilidade civil, designadamente do disposto nos art. 23º do Estatuto dos Gestores Públicos (Decreto-Lei nº 71/2007, de 27 de Março) e arts. 72º, 75º e 77º a 80º do CSC, *ex vi* art. 40º desse Estatuto.

ARTIGO 5º
Avaliação prévia

1 - O processo de reprivatização da titularidade ou do direito de exploração dos meios de produção e outros bens nacionalizados a que se refere o artigo 1º será sempre precedido de uma avaliação feita, pelo menos, por duas entidades independentes, escolhidas de entre as pré-qualificadas em concurso realizado para o efeito.

2 - *(Revogado)*

Nota:

- O nº 2 dispunha

Sem prejuízo da necessidade da abertura de novos concursos de pré-qualificação, mantém-se a validade de concurso de pré-qualificação já realizado

Comentário

1. *Interesses nacionais e comunitários da avaliação prévia*
2. *Objecto da avaliação*
3. *Sentido e alcance da independência funcional e estatutária das entidades avaliadoras*
4. *Os procedimentos de escolha das entidades avaliadoras: esclarecimentos*
5. *A escolha em "estado de necessidade" ou de "urgência imperiosa"*
6. *As consequências em sede de responsabilidade e validade da aquisição feita com base numa valorização errada ou omissa das entidades avaliadoras*
7. *A limitação dos efeitos da escolha a um só procedimento*

1. Os procedimentos de reprivatização total ou parcial da titularidade ou direito de exploração de bens e meios de produção, que caiam no âmbito de aplicação do art. 1º da Lei-Quadro das Privatizações, são necessariamente precedidos de uma "*avaliação*", sobre cujo objecto e propósitos a lei não fornece porém qualquer indicação.

Quanto aos propósitos - cuja indicação explícita não era evidentemente necessária - assinala-se serem eles, seguramente, por um lado, facultar ao Estado (ou a uma outra eventual entidade pública reprivatizante) uma ideia tão objectiva e actual quanto possível da universalidade dos bens que integram a empresa a reprivatizar e do seu valor de mercado e, por outro lado, permitir-lhe organizar e elaborar a informação ou prospecto a fornecer aos potenciais adquirentes quanto ao património e a situação dessa empresa.

A avaliação prévia conduzida por entidades independentes desempenha ainda um papel fundamental na compatibilização dos processos e modalidades de reprivatização com o direito da União Europeia, garantindo que o Estado se comporta como um accionista privado sujeito a condições normais de mercado e que, consequentemente, os termos da alienação, sobretudo quando levada a cabo por concurso limitado ou por venda directa – os casos em que o mercado aparece mais rarefeito –, não envolvem qualquer auxílio de Estado incompatível com o artigo 107º do TFUE.

2. Tendo em vista os propósitos acima imputados à exigência legal de avaliação prévia, entende-se que ela deveria incidir ou incluir:

- um inventário especificado dos direitos e dos bens da empresa a reprivatizar, com indicação das datas e valor de sua aquisição, do seu estado estrutural e funcional actual e respectivo valor;
- uma memória descritiva e informativa do bem a reprivatizar, com todas as suas instalações, pertences, acessórios, equipamentos e frutos;
- um rol das obrigações contraídas, prazos de cumprimento e de amortização e dos ónus e garantias que incidem sobre o património da empresa ou os bens a reprivatizar;
- um rol de clientes, de principais clientes, e datas das últimas transacções;
- as expectativas de negócios que tenham por objecto a empresa ou bem em causa e as negociações e candidaturas

em curso, com indicação dos números, interlocutores e eventuais concorrentes;
- os elementos necessários para o cálculo do EBIDTA dos últimos 5 anos;
- balanço e contas do mesmo período;
- processos judicias em curso ou expectáveis, contrapartes, respectivos valores e viabilidade processual.

3. A avaliação da empresa (ou bem) a reprivatizar total ou parcialmente é feita, impõe-no este art. 5º da lei, "*por duas entidades independentes, escolhidas de entre as pré-qualificadas em concurso realizado para o efeito*".

Entidades independentes não apenas face à entidade *reprivatizadora* (aquela que promove a operação, que decreta a reprivatização) como também à entidade *reprivatizante* (aquela que é objecto de reprivatização) – no sentido de que destas só recebem informação (e a possibilidade de verificar o seu acerto), bem como directivas e orientações sobre a realização dos trabalhos de avaliação, mas não ordens quanto ao valor ou o estado dos bens, por exemplo – e igualmente, presume-se, por serem as próprias avaliadoras independentes entre si, devendo o trabalho de avaliação de cada uma delas correr à revelia da outra.

Para além dessa independência *funcional*, as entidades avaliadoras são também *estatutariamente* independentes das avaliadas, no sentido de que não se situam no perímetro das que com estas mantêm relações orgânicas ou comerciais íntimas ou regulares, que pudessem afectar a sua independência e a credibilidade da respectiva avaliação.

4. Embora os procedimentos de reprivatização não estejam sujeitos, eles próprios, às regras concursais do direito comunitário (mas apenas aos princípios do Tratado), nem às regras do Código dos Contratos Públicos apesar do que se dispõe no nº 3 do art. 1º – mas apenas (e relativamente) aos princípios do seu art. 4º –, já aqueles pelos quais se adjudicarão a duas entidades independentes, separadamente, os trabalhos de avaliação da empresa a reprivatizar ficam sujeitos globalmente aos regimes pré-contratuais postos nesse Código para os contratos de prestação de serviços, e não apenas aos blocos parcelares de legalidade pré-contratual dos n.os 6 e 7 do respectivo art. 5º (para os contratos aí subtraídos à disciplina global do citado Código).

Quanto à modalidade procedimental a adoptar, define-a a Lei-Quadro no seu art. 5º, através de uma fórmula que também não é um modelo de clareza e precisão, dispondo que as entidades avaliadoras são "*escolhidas de entre as pré-qualificadas em concurso realizado para o efeito*", deixando-nos na dúvida sobre se, após a pré-qualificação concursada, a escolha das entidades avaliadoras se faria em novo concurso (agora versando sobre as propostas dos pré-qualificados) ou mediante escolha discricionária da Administração.

Sendo certo, por outro lado, que tal fórmula já vem da versão da Lei-Quadro contida na Lei nº 11/90, de 5 de Abril, numa época em que (salvo para o caso das empreitadas) ainda não existia uma definição de modalidades procedimentais típicas, entende-se, não obstante, até por imperiosas razões comunitárias, que a exigência do modelo concursal do art. 5º/1 da actual Lei deve considerar-se referida ao conceito técnico de *concurso limitado por pré-qualificação*.

Donde deriva que tais procedimentos seguem nomeadamente o regime dos arts. 162º a 192º do CCP, destinando-se a sua primeira fase à escolha concursada dos candidatos "subjectivamente" qualificados, digamos assim, para a prestação dos serviços de avaliação em causa - de todos eles, no modelo de qualificação *simples*, só dos melhores, no modelo *complexo*, de acordo com a distinção dos arts. 179º e 181º do CCP -, tendo a segunda fase como objecto a avaliação e ordenação, também concursadas, das propostas por eles subsequentemente apresentadas para efeitos de adjudicação e celebração do contrato de prestação de serviços de avaliação.

E deriva daí também que, na fase de escolha da melhor proposta - a ter lugar após a fase de pré-qualificação (simples ou complexa), a qual, por isso, deve ser bem rigorosa — só podem utilizar-

-se como critérios de adjudicação dados objectivos das propostas apresentadas por concorrentes pré-qualificados, estando vedado recorrer para o efeito a qualidades subjectivas, orgânicas, operacionais, etc., suas, como (por estarmos aqui perante contratos de prestação de serviços) resulta do art. 74º do CCP.

E deriva finalmente que ou os referidos concursos limitados são abertos à concorrência comunitária, com publicação dos respectivos anúncios no Jornal Oficial da União Europeia, ou os contratos de prestação de serviços de avaliação, a não se verificar qualquer das causas de escolha do ajuste directo em função do valor previstas no CCP, só podem ser celebrados, cada um, por preço inferior a € 75.000.

5. A adopção de todas as referidas fases e das formalidades que elas legalmente comportam fará com que os procedimentos de adjudicação (pela entidade reprivatizadora) dos contratos de aquisição de serviços de avaliação se prolonguem por tempo superior à eventual *necessidade* ou urgência que haja na reprivatização (como pode ser o caso da execução tempestiva das condicionantes de um programa de ajuda externa), hipótese em que a invocação de um *estado de necessidade*, nos termos do art. 3º/2 do CPA – mais talvez do que a situação de *urgência imperiosa* da alínea c) do art. 24º/1 do Código dos Contratos Públicos –, por se tratar de um princípio geral de valia constitucional imanente, pode levar mesmo à desaplicação deste art. 5º da Lei-Quadro, quanto mais à dos regimes do CCP, e conduzir à opção por um ajuste directo ou por um concurso limitado simplificado para escolha das entidades avaliadoras.

6. Pelas consequências de uma avaliação deficiente – por omissão de dados relevantes ou por erros cometidos na (des)valorização da situação do bem ou empresa a reprivatizar, que uma pessoa especialmente diligente e conhecedora não cometeria – ou que viole os parâmetros contratuais que a regiam, quando tais erros ou omissões tenham passado para o prospecto informativo divulgado no mercado ou a potenciais adquirentes e tenham sido (expressa ou hipoteticamente) determinantes do preço fixado pela entidade reprivatizante ou das propostas apresentadas pelos interessados, por tais consequências e danos daí resultantes, perguntava-se, responde quem e como?

A entidade reprivatizadora? As entidades avaliadoras? Pelas diferenças hipotéticas de preço pago? Através da anulação do negócio?

A responsabilidade perante os adquirentes, qualquer que ela seja, é sempre da entidade reprivatizadora – não portanto da entidade reprivatizada –, daquela que lançou o processo de privatização e que alienou a empresa ou bens seu objecto, sem prejuízo, claro, do seu direito de regresso sobre as avaliadoras no caso de se deverem a erro ou omissão destas os danos causados aos adquirentes.

Por sua vez, as entidades avaliadoras respondem perante a entidade que as contratou para procederem à avaliação, directa e exclusivamente, no caso de terem sobrevalorizado indevidamente a empresa ou bem a reprivatizar – levando-a a vendê-lo mais barato – ou, em via de regresso, se o sobrevalorizaram e levaram a entidade reprivatizadora a responder em virtude dos prejuízos causados pelo elevado preço cobrado aos adquirentes.

Para além da responsabilidade, os erros ou omissões cometidos na avaliação podem mesmo levar à anulação da aquisição feita, seja por iniciativa dos adquirentes ou a pedido da entidade reprivatizadora.

Será assim, se puder dizer-se que a vontade hipotética dos adquirentes ou dessa entidade, se conhecessem efectivamente, tal qual são, as características omissas ou erroneamente atribuídas à empresa ou bem nacionalizados, não corresponde à vontade por eles realmente formada e manifestada, e levá-los-ia a não negociar ou a não negociar naquelas condições.

A única dúvida que, quanto à anulação por erro, aqui se suscitaria é a de saber se deverá haver lugar à aplicação estrita dos requisitos postos no Código Civil para a anulação ou redução dos negócios jurídicos – nomeadamente, os respeitantes ao conhecimento pelo vendedor da essencialidade do elemento sobre que recaiu o erro do comprador, ou vice-versa – atendendo à natureza específica, jurídico-pública e provavelmente não negociada, dos procedimentos de reprivatização.

Poderia então pedir-se que tal requisito fosse adoçado, apreciado mais flexivelmente, nestes casos, nomeadamente quando o erro na formação da vontade é do adquirente, o que, porém, a válvula de escape do art. 247º do Código Civil (*ex vi* art. 251º) – ao equiparar ao conhecimento da essencialidade do erro (do declarante, pelo declaratário) o dever de este não a ignorar –, só por si, permite ultrapassar.

nº 2

7. A revogação, pela actual versão da Lei nº 11/90, do anterior nº 2 deste seu art. 5º – no qual se previa, julgamos (dada a equivocidade da sua formulação), que, em novos procedimentos de reprivatização, poderia recorrer-se aos serviços de avaliação de entidades pré-qualificadas em concurso aberto no âmbito de anterior processo de reprivatização –, tal revogação dizia-se, significará então, e parece-nos que curialmente, que cada procedimento de pré-qualificação e a respectiva escolha das entidades avaliadoras servirá apenas para a avaliação da empresa ou do bem aí especificamente abrangidos, não se constituindo assim, digamos, "bolsas" (especializadas ou não) de entidades avaliadoras.

ARTIGO 6º
Processos e modalidades de reprivatização

1 – A reprivatização da titularidade realizar-se-á, alternativa ou cumulativamente, pelos seguintes processos:

a) Alienação das acções representativas do capital social;
b) Aumento do capital social.

2 – Os processos previstos no número anterior são realizados, em regra e preferencialmente, através de concurso público

ou oferta pública nos termos do Código dos Valores Mobiliários.

3 – Quanto o interesse nacional ou a estratégia definida para o sector o exijam ou quando a situação económico-financeira da empresa o recomende, poderá proceder-se:

a) A concurso aberto a candidatos especialmente qualificados, referente a lote de acções indivisível, com garantias de estabilidade dos novos accionistas e em obediência a requisitos considerados relevantes para a própria empresa em função das estratégias de desenvolvimento empresarial, de mercado, tecnológicas ou outras;
b) Por venda directa, à alienação de capital ou à subscrição de acções representativas do seu aumento.

4 – Os títulos transaccionados por concurso público limitado ou venda directa são nominativos, podendo determinar-se a sua intransmissibilidade durante determinado período, a fixar no decreto-lei referido no artigo 4º do presente diploma.

Comentário

1. *Os vários conceitos legais de "processos" e de "procedimento" de reprivatização*
2. *A restrição do âmbito de aplicação do nº 1 e sua "ratio"*
3. *O regime da reprivatização da titularidade de "outros bens": condicionantes e limites*
4. *Os processos de reprivatização do nº 1: distinção e cumulação*
5. *A alienação ou subscrição de capital através de "oferta pública"*
6. *A alienação por "concurso público": natureza e campo de eleição*
7. *A qualificação dos procedimentos do nº 2 como procedimentos-regra: sentido*
8. *A conformidade dos procedimentos do nº 2 com o regime comunitário dos auxílios de Estado*
9. *Os pressupostos comuns e específicos do recurso excepcional aos procedimentos do nº 3*
10. *Análise do regime do "concurso limitado" do nº 3: remissão quanto à "venda directa"*

11. A(in)sindicabilidade dos pressupostos do recurso aos procedimentos do nº 3
12. Os procedimentos do nº 3 e o regime comunitário dos auxílios de Estado
13. As características personificantes da privatização por concurso limitado ou venda directa: a nominatividade das acções aí adquiridas e a sua intransmissibilidade temporária
14. Extensão da previsão do preceito à reprivatização de bens nacionalizados

nº 1

1. A delimitação do objecto deste nº 1 passa por distinguir aquilo que aí se denominam "*processos*" de reprivatização – correspondendo aos instrumentos jurídicos de transmissão ou de extensão do direito ou bem a reprivatizar - por oposição, primeiro, aos "*procedimentos*" dos n.os 2 e 3 –, através dos quais se procede à determinação do adquirente e das condições da operação que não estejam vinculativamente fixadas no decreto-lei ou no caderno de encargos - e passa também por distinguir depois aqueles "*processos*" do nº 1 no confronto dos outros "*processos*" a que se refere, por exemplo, o art. 26º, no qual o mesmo conceito corresponde aos referidos *procedimentos*, não já às operações a que estes conduzem.

Enfim, "apenas" mais uma confusão sistemática e conceptual em que esta Lei é vezeira.

2. Outro lamento (e não só por razões literárias, que não deixam aliás de ser atendíveis) respeita à fraca qualidade técnica e gramatical do texto deste nº 1, embora as deficiências de construção do fraseado da lei não se reflictam aqui, sobremaneira, na fixação inequívoca do sentido e alcance do seu texto

Estando-se perante uma alteração da Lei-Quadro, bem podia porém ter-se aproveitado a ocasião para a expurgar de linguajares mais rudes, como este de começar uma norma dizendo que "*[a] reprivatização da titularidade realizar-se-á [...]*", mesmo se é óbvio que o legislador estava a referir-se à distinção feita no art. 1º entre a reprivatização da "*titularidade*", de um lado, e do *direito* de *exploração*, do outro.

Em todo o caso, a expressão usada na lei, além de rude, é errada, pois a sua estatuição só é aplicável, por natureza e objecto, à reprivatização da titularidade (de empresas, melhor) de sociedades anónimas, do seu capital, já não à da titularidade de outros bens nacionalizados, os quais, ao contrário do que a letra da lei sugeriria, não ficam assim abrangidos pela disciplina deste art. 4º.

O facto de a Lei-Quadro ter disposto aqui, e com algum detalhe, apenas sobre o "processo" de reprivatização da ***titularidade*** de uma empresa ou meios de produção, da sua totalidade ou apenas de uma parte – mas já não de outros bens nacionalizados –, obedece a razões de ordem sistemática, por se ter considerado preferível autonomizá-lo do regime aplicável à reprivatização do respectivo ***direito de exploração***, remetendo-o para o art. 26º.

A autonomização dos *processos* deste nº 1 do art. 6º em relação a esses do art. 26º compreende-se, aliás, porque a reprivatização do ***direito de exploração*** de um bem ou de uma empresa nacionalizada não pode realizar-se através dos instrumentos aqui previstos, que envolvem sempre a transmissão da respectiva ***titularidade***, enquanto que a restituição ao sector privado daquele direito, como no comentário ao art. 26º melhor se esclarece, se fará ou através de uma *concessão* ou então de um *arrendamento* ou de uma *cessão de exploração* (se é que não pode fazer-se mesmo através de um mero *contrato de prestação de serviços* de gestão, como em comentário ao art. 1º se alvitrou e recusou).

Tudo isto, tendo em conta a ideia – que expressámos em comentário ao art. 1º – de que a reprivatização do *direito de exploração* respeita (necessariamente, diríamos) a empresas ou bens cuja *titularidade* haja sido nacionalizada.

3. Só não existe portanto regulação legal dos processos ou procedimentos de reprivatização da ***titularidade*** de "*outros bens nacionalizados*" – que também estão abrangidos pelo art. 1º do diploma –, porque não se lhes refere nem este art. 6º nem o art.

26º, sem que isso signifique, claro, que tal reprivatização possa ter lugar "ao Deus dará", como no respectivo decreto-lei da reprivatização se entendesse.

Que processos e procedimentos hão-de usar-se então, nesse caso?

É evidente que – salvo no caso inverosímil de os direitos sobre tais bens estarem juridicamente representados através de valores mobiliários – só a modalidade do concurso público poderia servir à reprivatização da titularidade de "*outros bens nacionalizados*", por não se lhe aplicarem, por natureza, os outros regimes dos n.os 2 e 3 do art. 6º. Não existem porém, na Lei-Quadro, quaisquer indicações ou sugestões disso mesmo.

Sendo assim, embora se aceite não haver qualquer vinculação legalmente expressa quanto ao processo ou instrumento jurídico concreto de reprivatização a utilizar nesse caso – seja no quadro das alternativas deste artigo ou fora dele (para os casos aí não contemplados) –, tem de havê-la, necessariamentc, em relação aos procedimentos de escolha ou designação dos respectivos cessionários ou adquirentes, pois não existe, neste momento, no ordenamento jurídico português, qualquer alienação ou cedência de utilidades ou bens públicos escassos (insuficientes para apropriação por todos os potenciais interessados na sua obtenção) que possam ser decididas à revelia de qualquer vinculação quanto ao procedimento da escolha do respectivo cessionário.

Assim, parece-nos que os interesses constitucionalmente envolvidos num processo desta dimensão jurídica e social – não vá cair-se nos desmandos verificados nas vendas dos bens do Estado que tiveram lugar no século XIX – obrigam-nos a apelar aos princípios constitucionais da *igualdade* (na repartição de benefícios públicos) do art. 13º da CRP, da *transparência* e da *prossecução do interesse público* (ou da eficiência e racionalidade na utilização e na alienação de recursos públicos), cingindo assim os procedimentos de reprivatização da titularidade dos "*outros bens nacionalizados*", referidos no art. 1º da Lei, à *hasta pública* e aos *concursos públicos*, até pela analogia possível com as soluções deste nº 2, sendo esses os únicos procedimentos que, para situações normais, têm previsão e tutela expressas aqui, na Lei-Quadro (que a hasta pública é também um concurso público) e que cabem ao objecto em apreço.

Mas não queremos descartar-nos já, precipitadamente, da possibilidade (menos apropriada, talvez) de se recorrer às modalidades do *concurso limitado por pré-qualificação*, do *procedimento de negociação* ou do *diálogo concorrencial*, de acordo com a sua regulação no Código dos Contratos Públicos e com as adaptações que se revelarem úteis ou necessárias.

Ainda porém que não se considerasse que os procedimentos de reprivatização da titularidade dos referidos bens estariam especificamente condicionados à adopção daquelas primeiras modalidades *públicas*, e à sua regulação típica, há, pelo menos, princípios constitucionais, como o da *concorrência*, o da *igualdade* na repartição dos benefícios públicos e o da *transparência*, que impõem o uso de procedimentos de acesso público - dentro, claro, dos requisitos fixados abstractamente (e não *ad hominem*, explícita ou implicitamente) para esse acesso.

Só não será assim nos casos a que se referem as alíneas *a)* e *b)* do nº 3 deste art. 6º, que, essas sim, são disposições aplicáveis - quanto aos seus pressupostos e efeitos, não quanto às suas modalidades - a qualquer processo de reprivatização como os que aqui estão em causa (mesmo que não respeitantes à titularidade de meios de produção), podendo então enveredar-se ou por um concurso limitado com escolha discricionária e desprocedimentalizada (mas fundamentada) dos concorrentes a admitir ao procedimento ou por um ajuste directo (ou uma venda directa), como já a seguir, em comentário ao nº 3, se esclarecerá.

4. Os processos ou instrumentos jurídicos de reprivatização da titularidade (total ou parcial) de uma empresa consistem, segundo este art. 1º, na alienação das acções representativas do seu capital social - transformada ela (se não o era já) em sociedade anónima - ou no aumento desse capital e na respectiva subscrição, podendo naturalmente cumular-se os dois processos.

O mais natural, porém - sobretudo quando o capital da empresa a privatizar não for muito significativo - é que os processos surjam conjugados, podendo o Estado optar por realizar uma IPO (*Initial Public Offer*) em que a venda da totalidade ou de parte do capital se sucede a um aumento dele destinado a adequar os capitais da empresa à respectiva expressão económica.

Note-se no entanto que, por si sós, enquanto o primeiro processo pode ser utilizado quer no caso de reprivatização total ou parcial, quer no caso de empresas de capital exclusiva ou apenas maioritariamente estatal, já o processo de reprivatização através da subscrição do aumento do capital social - presumindo-se [como a redacção deste nº 1 inculca e a alínea *b)* do nº 3 confirma] que ele incide apenas sobre a parte do capital aumentado - respeita a casos de reprivatização parcial e, em princípio, de empresas onde o Estado detenha, no mínimo, 75% do capital social, sem o que poderia não ser possível deliberar sobre o aumento do mesmo.

nº 2

5. A alienação de acções ou a subscrição do aumento de capital da empresa nacionalizada realiza-se, como dispõe este nº 2, ou através de um *concurso público* ou, então, nos termos em que ela vem regulada no Código dos Valores Mobiliários, através de uma *oferta pública* em bolsa - podendo aplicar-se modalidades distintas, (incluindo a venda directa ou o concurso limitado) a cada *tranche* ou operação em que seja dividido o processo de reprivatização.

Por comparação com o preceito da alínea *a)* do art. 293º/1 da CRP, verificamos que a presente disposição da Lei nº 11/90 não inclui entre as modalidades procedimentais de alienação do capital da empresa nacionalizada a da *subscrição pública*, discrepância essa que corresponde a uma mera actualização técnica, digamos assim, da norma constitucional, pois que o procedimento de *subscrição pública* - regulado nos arts. 168º e 169º do Código de Valores Mobiliários, sob a denominação *oferta pública de subscrição* para a constituição de sociedades - não é mais do que uma modalidade da oferta pública (cfr. art. 109º do CVM) de distribuição (arts. 159º e segs. do CVM), a qual abrange também a oferta pública de venda (arts. 170º a 172º).

Sobre as regras a observar na oferta pública de subscrição ou de venda, ver, respectivamente, as disposições dos arts. 168º e ss. e 170º e ss. do CVM, podendo a oferta pública ser modificada ou revogada nos casos limitados previstos nos seus arts. 128º a 132º.

Em consequência dessa operação, a sociedade tornar-se-á uma sociedade com o capital aberto ao investimento do público («sociedade aberta»), passando a estar sujeita ao regime jurídico a estas aplicável (cfr. arts. 13º a 29º do CVM e CSC).

Entre as sociedades abertas contam-se, pois, para além daquelas que se constituam por meio de ofertas públicas, as que realizem ofertas públicas (de subscrição) ou de venda, qualificando-se a sociedade como *aberta*, assim, por referência ou à oferta pública que esteja na base da sua constituição ou ao aumento do seu capital e (ou) à venda das respectivas participações.

6. Quanto ao regime do *concurso público* referido neste nº 2, em alternativa à *oferta pública* aí prevista, trata-se, é evidente, de um procedimento para ser utilizado essencialmente naqueles casos em que se pretende reprivatizar a titularidade da empresa ou do bem em causa como um todo ou, pelo menos, em lotes estruturalmente autonomizáveis - salvo na percentagem do respectivo capital que deva ser atribuída a trabalhadores -, não se descortinando como é que tal procedimento poderia ser afeiçoado àqueles casos em que se pretende disseminar o capital de uma empresa por todos que tenham interesse em adquirir qualquer percentagem (ínfima ou significativa, é indiferente) do mesmo.

Tratando-se, por todas as razões, como o revela o subsequente art. 7º, de um concurso público de direito público - que só estes oferecem as necessárias garantias de transparência e controlo (nem aliás o instituto homónimo do art. 463º do Código Civil cabia à hipótese) -, guardamos a análise do seu regime essencial para o comentário àquele preceito da presente Lei.

7. O legislador incluiu neste nº 2 uma reserva à adopção dos procedimentos do concurso público e da oferta pública aí previstos, dispondo que "*em regra e preferencialmente*" serão eles os utilizados para a alienação de acções ou subscrição do aumento de capital da empresa a reprivatizar, ficando-se na dúvida sobre se estamos perante a concessão de um poder discricionário à entidade reprivatizadora para, no decreto-lei da reprivatização, dar como relevantes e verificadas condições ou pressupostos da opção por outros procedimentos aqui não nominados.

Por nós, preferimos uma interpretação restritiva da norma, tornada imperiosa aliás pelo facto de, a não se entender assim, então o nº 3 deste mesmo art. 6º constituir uma disposição inútil, vindo restringir especificadamente a duas modalidades aquilo que, de acordo com o anterior nº 2, já podia ser decidido em relação a qualquer modalidade (incluindo essas duas), em função de uma cláusula geral não especificada.

Preferimos por isso, entender que a reserva do tal nº 2, sobre a utilização "*em regra e preferencialmente*" dos procedimentos aí previstos, se referiria única e precisamente aos casos em que o nº 3 permite que, em **certas** circunstâncias, se utilizem os procedimentos nele indicados, não incluídos na tal "regra preferencial" da oferta pública ou do concurso público do nº 2 deste mesmo art. 6º.

Não há portanto que procurar nesse nº 2 um sentido útil para a citada cláusula geral de ressalva da aplicação da sua estatuição, porque o respectivo alcance é-nos fornecido pelo subsequente nº 3 e pelos pressupostos aí especificamente contemplados.

8. A Comissão Europeia tem entendido que, quando uma privatização ou reprivatização se efectua através da venda de acções em bolsa, pode partir-se do princípio de que se efectua em condições de mercado e que não envolve consequentemente qualquer auxílio de Estado; o passivo pode inclusivamente ser anulado ou reduzido antes da emissão de acções ou da oferta pública, desde que os resultados dessa emissão ou oferta superem a redução da dívida.

Nos casos em que a privatização ou reprivatização se realize através de concurso público, a Comissão Europeia presume também que não existe auxílio de Estado se o concurso for aberto a todos os que nele desejem participar e a empresa for vendida pela melhor oferta.

Por norma, devem ser previamente notificadas à Comissão Europeia as privatizações e reprivatizações: *i)* que tenham sido negociadas com um único interessado ou com interessados seleccionados; *ii)* ou que tenham sido precedidas de uma remissão de dívidas ao Estado ou outras entidade ou empresas públicas; *iii)* ou que tenham sido precedidas da conversão do passivo em capital social ou em aumentos de capital; *iv)* ou, em geral, que tenham sido sujeitas a condições que não são habituais em transacções semelhantes efectuadas por empresas privadas.

nº 3

9. Permite-se aqui que, em certas circunstâncias, em vez dos procedimentos mais transparentes e públicos do nº 2, se adopte o do *concurso limitado* aos concorrentes "*especialmente qualificados*" ou o da *venda directa* a pessoa ou agrupamento designado pelo Conselho de Ministros (eventualmente, pela entidade a quem na regulamentação do procedimento se cometer esse encargo) – modalidades que podem surgir, cada uma delas, como única ou cumular-se entre ambas, mesmo com as modalidades do nº 2, quando o processo de reprivatização venha dividido em várias operações ou *tranches*.

As circunstâncias ou pressupostos comuns em que é permitida a utilização destas modalidades procedimentais consistem em:

– interesse nacional ou a estratégia definida para o sector o exigirem;
– situação económico-financeira da empresa o recomendar.

Para além desses pressupostos comuns à opção por qualquer um dos referidos procedimentos, há ainda requisitos legais específicos da utilização de cada um deles.

Assim, a utilização de um concurso limitado aos concorrentes "*especialmente qualificados*" implica ainda tratar-se da alienação ou subscrição de um "*lote de acções indivisível, com garantias de estabilidade dos novos accionistas*", como se prevê na alínea *a)* deste nº 3. E, embora a norma esteja posta caracteristicamente para a reprivatização da titularidade de uma empresa, do seu capital, ela é aplicável, também, adaptadamente, à reprivatização (da titularidade) de qualquer outro bem nacionalizado - sabendo-se já que, quanto à reprivatização do direito de exploração de empresas ou bens, as disposições aplicáveis (iguais a estas, aliás) são as do art. 26º.

Por sua vez, o recurso ao procedimento de *venda directa* (ou ajuste directo) - salvo o caso praticamente inverosímil da titulação de bens através de valores mobiliários - só está previsto na alínea *b)* deste art. 3º para a alienação de partes do capital de uma sociedade.

10. Quanto à regulamentação dos procedimentos aqui previstos, o "*concurso limitado a candidatos especialmente qualificados*" e a *venda directa*, no que respeita a esta última, encontrará o leitor aquilo que consideramos pertinente e relevante em comentário ao posterior art. 8º, onde ela é legalmente mais desenvolvida.

Em relação ao procedimento do *concurso limitado*, a fórmula legal permite encarar (apesar da sugestão literal do corpo do art. 22º) a utilização alternativa do *concurso limitado por pré-qualificação* (concursada) e o *concurso limitado por escolha administrativa* directa, tendo ambos em vista cingir a concorrência, a apresentação de propostas, portanto, a concorrentes especialmente qualificados, seja essa sua qualificação aferida num procedimento (concursal) aberto a todos os potenciais interessados em pré-qualificar-se para a apresentação de propostas - aplicando-se a esse procedimento prévio uma *tramitação* aproximada daquela prevista nos arts. 167º e ss. do Código dos Contratos Públicos, não necessariamente o regime *material* (digamos assim) desse procedimento -, seja tal qualificação decidida em função dos conhecimentos ou experiência que a Administração tem do mercado e da escolha não procedimentalizada que faça dos candidatos por si considerados mais (interessados e) qualificados para o efeito.

Volta-se um pouco atrás para dizer que a referência do art. 22º a um "*concurso aberto a candidatos pré-qualificados*" não preclude a alternativa a que nos referimos nos parágrafos anteriores.

Em primeiro lugar, porque provavelmente se trata de mais um deslize do legislador – a não ser assim, então, em normas da Lei, muito mais decisivas neste aspecto do que o tal art. 22º (como o são os arts. 6º/3 e 26º/2), também se falaria em "*candidatos pré-qualificados*", e não em "*candidatos especialmente qualificados*", como efectivamente nesses preceitos se fez – e, em segundo lugar, porque o tal art. 22º se refere a um caso ou efeito peculiar, e não propriamente (como aqueles outros) à natureza ou disciplina dos concursos abertos a "*candidatos especialmente qualificados*".

Conclui-se, assinalando apenas que a determinação administrativa (sem prévio procedimento concursado de pré-qualificação) sobre quais são os "*candidatos especialmente qualificados*", que se convidarão a apresentar propostas, deve ser concreta e suficientemente fundamentada.

11. Constata-se então que os dois primeiros pressupostos referidos, os comuns às duas espécies da alínea *b)*, dada a amplitude da sua formulação genérica, acabam, na prática, por remeter para o decreto-lei reprivatizante, para o respectivo legislador, uma larga margem de discricionariedade de decisão quanto ao que, de acordo com as cláusulas gerais do corpo do nº 3, é conveniente ao *interesse nacional*, à *estratégia definida para o sector* ou à *situação económico-financeira da empresa a reprivatizar.*

Não se descortina assim que as opções que ele tome na matéria, sobretudo face à amplitude daquele primeiro pressuposto, possam ser objecto de um controlo jurisdicional de "ilegalidade reforçada" – nos termos do art. 204º, das alíneas *a)* e *d)* do art. 280º/2 ou da alínea *b)* do art. 281º/1, ambos da CRP –, a não ser com fundamento na utilização de procedimento não previsto, em erro grosseiro (na determinação dos factos ou na avaliação daqueles pressupostos) ou na falta de fundamentação, vícios sindicáveis nas próprias leis que concretizam imposições constitucionais legiferantes ou nas que dão execução a leis de valor reforçado.

12. Diga-se finalmente que, ao contrário do que vimos suceder em caso de recurso a um concurso público ou a uma oferta pública em bolsa de valores, nos casos de privatização ou reprivatização através de *concurso limitado* e de *venda directa* deve observar-se o regime previsto nos arts. 107º e seguintes do TFUE para a despistagem de auxílios de Estado – regime aplicável também, a nosso ver, por exemplo, aos casos de exclusão liminar dos actuais accionistas das empresas a privatizar ou a reprivatizar (*vide* também o art. 13º/2).

Não esquecer, como acima assinalámos, que devem ser previamente notificadas à Comissão Europeia as privatizações e reprivatizações que tenham sido negociadas com um único interessado ou com interessados seleccionados.

nº 4.

13. Começamos por assinalar a (pelo menos aparente) confusão conceptual de que a norma dá provas quando, a propósito das singulares características *intuitu* personae dos títulos assim adquiridos, se refere àqueles que tenham sido transaccionados "*por concurso público limitado ou venda directa*" – assim, *expressis verbis*, sem qualquer vírgula –, por isso que um "*concurso público limitado*" constitui uma contradição nos próprios termos: um concurso ou é público, aberto, ou é limitado, fechado. Não há, digamos assim, "concursos abertos fechados"!

Uma explicação para tal equívoco – que subsiste desde a Lei nº 11/90, de 5 de Abril, passando intocado pelas alterações de que ela foi alvo, como é o caso da Lei nº 102/2003, de 15 de Novembro, mantendo-se agora na redacção do art. 6º/4 da presente Lei nº 11/90 – residiria ou na falta de uma vírgula a separar "*concurso público*" de "*limitado*" ou, então, como nos parece mais curial, entende-se que a referência a (um concurso) "*público*" está ali a mais, pois que a *ratio* e a finalidade da norma fazem todo o sentido no caso dos concursos limitados e na venda directa, e nenhum já no dos concursos públicos.

É que naqueles dois casos, como a reprivatização tem, em maior ou menor medida, carácter *intuitu personae* – por, no mínimo, ter sido feita em benefício de alguém cuja presença à frente dos destinos da empresa reprivatizada foi considerada determinante para o objectivo empresarial ou produtivo da reprivatização, nos termos previstos na alínea *a)* do art. 6º/3 –, faz todo o sentido que se lhe imponha manter-se aí durante determinado período, não podendo alienar a participação ou acções adquiridas, as quais, para salvaguarda dessa intransmissibilidade, mais vale que sejam nominativas.

O que já não se passa, de todo, no caso do concurso público, ao qual não é aplicável a tal disposição do art. 6º/3.

Por sua vez, o carácter nominativo que as acções adquiridas ou subscritas em processo de reprivatização devem ter quando se recorra a qualquer dos procedimentos do nº 3 é um instrumento da intransmissibilidade dos respectivos títulos e destina-se a permitir verificar o cumprimento dessa condicionante da respectiva alienação ou subscrição, não se tratando apenas, como em algumas situações similares acontece, de tornar a transmissão dos mesmos, dentro do período de seu "nojo", dependente de uma autorização administrativa votada à apreciação da idoneidade do transmissário.

Os negócios, (em princípio) mesmo os autorizados, que envolvam a transmissão de direitos inerentes às referidas acções ficam, regra geral, por força do nº 1 art. 280º do Código Civil, porque feitos contra proibição de lei, feridos de nulidade – como aliás acontece no caso similar do art. 11º/1 e 12º/2 desta Lei-Quadro.

14. O preceito está especificamente posto para a venda de títulos representativos do capital da empresa (melhor, da sociedade) a reprivatizar, mas consideramos a sua disciplina extensível, pelo menos, quanto à regra da respectiva intransmissibilidade, à reprivatização de "*outros bens nacionalizados*" no caso de a transacção por concurso limitado ou através de venda directa ter em vista a sua manutenção, durante determinado período, na titularidade de quem os adquiriu no procedimento de reprivatização.

ARTIGO 7º
Reprivatização por concurso público

1 - A reprivatização através de concurso público será regulada pela forma estabelecida no artigo 4º, no qual se preverá a existência de um caderno de encargos, com a indicação de todas as condições exigidas aos candidatos a adquirentes.

2 - É da competência do Conselho de Ministros a decisão final sobre a apreciação e selecção dos candidatos a que se refere o número anterior.

Comentário

1. *O objecto da norma: o concurso público de direito público*
2. *A regulamentação do concurso no decreto-lei de reprivatização*
3. *As condições subjectivas de acesso: matéria de lei ou de caderno de encargos. A solução pragmática*
4. (cont.) *A solução dogmática*
5. *A exigência de previsão legal específica da existência de um caderno de encargos: competência para a sua emissão*
6. *Menções do concurso público no decreto-lei de reprivatização*
7. *Auto-regulamentação e princípios gerais no concurso público: requisitos da negociabilidade das propostas*
8. *Os demais elementos nacionais e comunitários juridicamente caracterizadores do concurso público*
9. *A instrução e decisão do concurso público: esclarecimentos*

nº 1

1. Os casos em que existe a possibilidade (ou o dever) de recorrer a um concurso público nos processos de reprivatização da titularidade de empresas (ou, por analogia) de " *outros bens nacionalizados*" - que a reprivatização do direito de sua exploração vem regulada, já se disse, no art. 26º – ficaram vistos em comentário ao anterior art. 6º, tratando-se neste art. 7º da fixação do regime a que tal procedimento deve obedecer.

Assinala-se, em primeiro lugar, estarmos aqui perante um concurso público de direito público, que é o direito característico, estatutário, digamos assim, dos entes públicos quando são chamados a actuar em termos ou ambientes *exorbitantes* daqueles em que agem os particulares, como aqui, ao remeter-se a regulação básica do concurso para um decreto-lei, sucede – qualificação essa que tem naturalmente reflexos no desenho e nas exigências jurídicas do respectivo regime.

2. Antes de nos debruçarmos sobre algumas deles, temos que nos confrontar com uma daquelas disposições redigidas por um legislador distraído, que dá tratos de polé na língua portuguesa, por causa do que ficamos logo sem saber o que verdadeiramente se quis dizer com a norma deste nº 1 do art. 7º.

Dispõe-se nele, sempre através de fórmulas enviesadas, que o regime do concurso público, isto é, da sua sequência, das condições de acesso e dos critérios de adjudicação, será fixado no decreto-lei que desencadeia o processo de reprivatização (e ao qual se refere o anterior art. 4º, bem como, por exemplo, os arts. 7º e 13º) – não sendo esse, contudo, necessariamente, o acto constitutivo, o acto de abertura, digamos assim, de cada concreto processo e procedimento de reprivatização, contendo-se nele, sim, a transformação em sociedade anónima da empresa a reprivatizar, a aprovação dos respectivos estatutos (que lhe virão anexos), bem como a demais regulamentação a que se referem os n.os 1 e 2 do art. 13º.

Tudo isso é certo, insusceptível de grande controvérsia, pelo menos, mas não se encontra explícito na norma do art. 7º, advém de outras que, nesses aspectos, não obscurecem, antes clarificam.

3. Obscura é, sim, a segunda parte deste art. 7º, ficando sem se saber se *"a indicação de todas as condições exigidas aos candidatos a adqui-*

rentes" deve constar do próprio decreto-lei que "*[regula] a reprivatização através de concurso*" ou se é antes do caderno de encargos que aí (no decreto-lei) "*se preverá [existir]*" que tal indicação deve constar.

As fórmulas gramaticais da lei só as usamos cuidadosa e desconfiadamente, como o aconselha a sintaxe e semântica nela usadas, desde logo, reportando um "*no qual*" ao substantivo "*forma*" e, depois, sem sugerir por palavras – que seriam de fácil escolha e utilização – se a locução final (quanto à "*indicação de todas as condições exigidas aos candidatos*") se liga à *forma* da proposição inicial ou ao "*caderno de encargos*" da intermédia.

Deixa-nos o legislador, assim, desnecessariamente, perante um obstáculo que facilmente poderia ter evitado – e que, não fosse o dever de ofício, também preveniríamos, sugerindo apenas que se faça aprovar o caderno de encargos pelo decreto-lei da reprivatização, ficando ele, assim, a gozar da força jurídica deste e resolvendo-se habilidosa, mas legalmente, uma questão que pode até afectar a validade da respectiva operação.

4. Se, em vez disso, quisermos ou tivermos mesmo que mergulhar em busca da solução correcta do problema hermenêutico enunciado, começaríamos, atendendo à virgulação usada – o que, face ao alerta que se deixou, releva de grande ingenuidade nossa – e ligaríamos a primeira e a terceira orações do período, deixando-se a segunda a viver por si só e concluiríamos que é no decreto-lei da reprivatização que deverão conter-se "*todas as condições exigidas aos candidatos a adquirentes*".

Poderia dizer-se que se trata de mais do que um mero palpite, primeiro, porque a prudência pede que, na dúvida, se opte pela solução que evite a invalidade originária do procedimento de privatização – e tal solução consiste em fazer constar (ainda que por excesso formal) de um decreto-lei algo que eventualmente poderia conter-se num caderno de encargos aprovado por resolução do Conselho de Ministros, enquanto a inversa (isto é, fazer constar de um caderno de encargos aquilo que de se devia incumbir a lei), não garante como é manifesto, a validade do procedimento. Em segundo lugar, porque o posterior art. 13º da Lei-Quadro (para o qual este art. 7º não remete) revela que afinal no decreto-lei que "*regula a reprivatização através de concurso*" público deve incluir-se a regulação de uma extensa série de menções e aspectos procedimentais, a tornar curial, do ponto de vista sistemático, que nele se incluam também as tais "*todas [...] condições exigidas aos candidatos a adquirentes*".

Por outro lado, o facto de esta exigência vir formulada especificadamente no art. 7º da Lei-Quadro – combinada com a exigência da previsão expressa da existência de um caderno de encargos – e de todas as outras exigências da mesma índole ou virem genericamente enunciadas no respectivo art. 13º (ou, então, num vulgar e não explicitamente exigido caderno de encargos), bem pode conjecturar-se dever-se ao relevo merecidamente exorbitante que a definição das condições de acesso ao concurso público tem na transparência e objectividade do processo de reprivatização – valor cuja salvaguarda, num país com os nossos duvidosos antecedentes, pode ter sido considerado pela Lei-Quadro como uma necessidade legislativa posta à vista de todos, furtando-a à menor visibilidade de uma sua referência genérica no tal art. 13º.

Pelo contrário, a tese de que a exigência da indicação de todas as condições de acesso ao concurso deveria constar do caderno de encargos referido neste art. 7º, e não do decreto-lei onde se preverá dever ele existir, dir-se-ia não ter grande suporte.

Primeiro, porque tem na (letra ou) sintaxe da lei menor expressão do que a sua oposta – agravada pela existência da segunda vírgula do preceito, que não deveria existir se quisesse ligar-se a referência "*caderno de encargos*" à preposição "*com [a indicação]*". Em segundo lugar, faz sentido excluir do caderno de encargos e integrar no decreto-lei a indicação das condições de acesso ao concurso, do mesmo modo que também devem constar deste, *ex vi* art. 13º/1, outras exigências procedimentais de relevo (não tão determinante, mas) aparentado, deixando a Lei-Quadro para o caderno de encargos, no art. 14º, a indicação "*das condições finais e concretas*" do processo e procedimento de reprivatização – se é que não se trata aí de algo bem diferente, como aventamos no comentário a esse artigo, e que a falta de precisão legislativa torna impossível resolver sem acurada ponderação.

Pouco consistente para suportar essa tese é também a pretensa analogia com a disposição do subsequente art. 8º, relativa à modalidade da venda directa - sendo no respectivo caderno de encargos que devem enunciar-se aí "*todas as condições da transacção*" -, analogia ou paralelismo que não funciona porém porque não se trata de requisitos do mesmo relevo e dignidade dos do art. 7º, respeitantes às "*condições exigidas aos adquirentes*" para acesso ao concurso público. É que, no caso desse art. 8º estamos perante um procedimento directo, "mano a mano", entre alienante e adquirente, sem (ou com escassa) concorrência, não havendo necessidade de divulgar mais ampla e solenemente as condições básicas da respectiva concorrência (ou transacção).

É verdade porém que existe a favor desta tese um argumento que, com um legislador cuidadoso e dotado, seria bem capaz de fazer pender para aqui a balança hermenêutica.

Na verdade, se não fosse para incluir no caderno de encargos a indicação dessas condições exigidas aos concorrentes, e as quisesse antes enunciadas no próprio decreto-lei da reprivatização, que sentido faria dispor-se especificamente, neste art. 7º, como em mais nenhum outro se fez, sobre a necessidade da previsão da existência de um caderno de encargos?

5. Outro aspecto relevante do nº 1 do art. 7º da Lei-Quadro refere-se a essa exigência, pouco comum, de que se preveja no decreto-lei de abertura do processo de reprivatização por concurso público a existência de um caderno de encargos - o que só pode dever-se, julgamos, à preocupação do legislador em chamar a atenção de potenciais interessados para o facto de as regras do concurso não estarem exaustivamente espelhadas no diploma por ele dado à luz, havendo mais regulamentação a atender.

É duvidoso que caderno de encargos em apreço corresponda à resolução do Conselho de Ministros a que se refere o art. 14º - com cujo conteúdo nos confrontaremos aí em comentário –, mas a verdade é que não parece haver na Lei-Quadro qualquer outra disposição específica em que pudéssemos alicerçar tal competência, tendo que nos remeter por isso para a norma geral do nº 2 do art. 40º do CCP – da qual resulta ser o Conselho de Ministros o órgão competente para aprovar o caderno de encargos, qualquer peça do procedimento, de resto.

6. Quanto à disciplina do concurso público de reprivatização não existe na Lei-Quadro, neste seu art. 7º e noutros, senão indicação das matérias ou aspectos que devem ser regulados no decreto-lei aí mencionado ou no respectivo caderno de encargos – bem como no programa do procedimento que, embora não venha aqui expressamente referido, é peça do concurso que, a par do caderno de encargos, poderá ser aprovada por resolução do Conselho de Ministros, ao abrigo do subsequente art. 14º ou, como se referiu no comentário anterior, do poder de auto-regulação procedimental da entidade adjudicante, que lhe confia o nº 2 do art. 40º do CCP.

Para além dos aspectos de carácter geral que vão mencionados *infra* no comentário nº 3 ao art. 13º, os aspectos específicos do concurso público incluídos obrigatória ou recomendadamente no decreto-lei da reprivatização – enquanto os demais que caracterizam tal modalidade procedimental, e que vão adiante referidos no nº 8, podem constar do caderno de encargos (ou do programa do concurso) – são:

- a atribuição ao Conselho de Ministros da competência para decidir, a final, "*sobre a apreciação e selecção dos candidatos*" (art. 7º/2);
- "*todas as condições exigidas aos candidatos a adquirentes*", como acima se disse (art. 7º/1), a ser verdadeira a tese de que não é do caderno de encargos que deve constar essa indicação;
- as condições especiais de aquisição de acções de que gozem trabalhadores e pequenos subscritores, nas quais se incluem as respeitantes à percentagem de capital a

adquirir ou subscrever por trabalhadores (art. 13º/1), bem como, eventualmente, a percentagem máxima de capital que qualquer entidade singular ou colectiva (pessoalmente e por interpostas pessoas) pode adquirir ou subscrever (art. 13º/2)

- o período de indisponibilidade das acções ou bens adquiridos por trabalhadores ou pequenos subscritores em condições especiais (art. 13º/1).

7. A disciplina procedimental do concurso público em causa, nesses aspectos e noutros que se entenda conveniente regular, pormenorizar ou clarificar no decreto-lei ou na resolução do Conselho de Ministros referida no art. 14º - quer quanto às condições da própria alienação ou cedência da empresa ou bem reprivatizados, quer quanto ao acesso, tramitação e decisão do procedimento - pode ser fixada atipicamente, sem adstrição necessária, por exemplo, ao regime do Código dos Contratos Públicos, de acordo com o que se entender conveniente para melhor alcançar as finalidades da reprivatização.

Salvaguardados que sejam sempre, claro, os princípios da *concorrência*, da *igualdade* e da *transparência*, tal como eles são concebidos, em geral, no citado Código e também, como resulta implicitamente da alínea *a)* do nº 2 do art. 20º da presente Lei, o princípio da *imparcialidade*.

Questão é a de saber se a opção pelo concurso público da Lei-Quadro é compatível - como vamos ver sê-lo, em certa medida, pelo menos, o procedimento de ajuste ou venda directa -, nomeadamente, com a existência de uma fase pré-adjudicatória de negociação das propostas já apresentadas pelos concorrentes, com vista à sua melhoria, ou se a adjudicação tem que recair sobre a proposta ordenada em primeiro lugar por aplicação dos critérios de adjudicação publicitados, tal qual foi apresentada, sem outros ajustamentos que não sejam aqueles que, em sede de fixação da minuta do contrato, são geralmente admitidos e se encontram reflectidos no art. 99º do CCP.

É este último o entendimento que, em geral, na falta de qualquer indicação em sentido contrário, se deve preferir nesta modalidade procedimental, como o inculca, aliás, a própria disciplina do citado Código, ao admitir, à margem do concurso público normal ou simples, a existência também de um *concurso público com leilão electrónico* ou, então, *com fase de negociação de propostas*, mas, em ambos os casos, desde que isso esteja explícita e especificamente previsto nos respectivos programas de concurso, como mandam os seus artigos 141º e 150º.

Sendo assim, a querer optar-se por qualquer uma destas modalidades especiais, só se evitarão dúvidas sobre a sua admissibilidade aqui – desde que estejam preenchidos, claro, os respectivos requisitos naturais, digamos assim (quanto ao leilão electrónico, ver o citado art. 141º) – se a sua utilização vier prevista no decreto-lei ou no caderno de encargos do art. 7º/1 (ou num programa de concurso, aprovado pelo Conselho de Ministros, que se inclua no processo documental da reprivatização)

8. Consideramos elementos indispensáveis da qualificação de um procedimento como constituindo um *concurso público*, estando eles mencionados ou não no decreto-lei de reprivatização, os seguintes:

- publicidade na 1.ª série do Diário da República do decreto-lei dos arts. 4º, 7º e 13º e da resolução do Conselho de Ministros do art. 14º também da Lei-Quadro – incorporando-se necessariamente num desses diplomas ou em seu anexo o caderno de encargos referido no art. 7º/1 e indicando-se, se for caso disso, o local onde se encontram publicitados quaisquer outras peças concursalmente relevantes;
- formulação de requisitos de acesso dos concorrentes tão abertos quanto o permitir a dimensão do capital ou bem a reprivatizar (indivisível ou loteadamente), não sendo admissíveis condicionamentos que defraudem a concorrência nacional e os princípios ou regras de concorrência

do Tratado das Comunidades, nomeadamente factores de preferência nacional ou de descriminação segundo a nacionalidade, ofendendo um pilar básico do ordenamento jurídico europeu;
- indicação dos documentos e elementos indispensáveis das propostas;
- exclusão dos candidatos ou das propostas que não respondam aos requisitos ou elementos considerados indispensáveis nos documentos do concurso;
- indicação dos factores (e eventuais subfactores), objectivos e subjectivos, de avaliação dos candidatos ou das propostas e dos coeficientes de ponderação de cada um deles;
- avaliação fundamentada e pontuada dos atributos das propostas;
- adjudicação à proposta mais valiosa nos termos dela constantes, sem ajustamentos que prejudiquem os princípios da *igualdade* e da *concorrência* (por referência, por exemplo, ao art. 99º do CCP).

nº2

9. A atribuição ao Conselho de Ministros desta competência para a decisão final "*sobre a apreciação e selecção dos candidatos*" insere-se na lógica do regime dos concursos públicos, que assenta na condução do respectivo procedimento por um júri (ou comissão de avaliação) – não pela comissão especial de acompanhamento do art. 20º da Lei, note-se, sobre cujas funções e competência então se dirá –, por um júri, portanto, a quem cabe a função de instruir o procedimento e de tomar as decisões preparatórias do mesmo, admitir e excluir candidatos ou propostas, analisar, avaliar e ordenar as admitidas, elaborar um relatório onde exprima as premissas e conclusões a que chegou, permitir aos interessados que se pronunciem sobre elas e submeter tudo, a final, como uma proposta, a decisão do Conselho de Ministros.

O que se estranha, sobretudo olhando as fórmulas da lei (afinal tão recente) à luz da terminologia e conceitos contemporâneos, é que, a propósito de um concurso público, se fale em "*apreciação e selecção dos candidatos*", quando – mesmo no caso dos procedimentos ditos "de concorrentes", e não "de propostas" (ver Mário Esteves de Oliveira/Rodrigo Esteves de Oliveira, *Concursos e Outros Procedimentos de Adjudicação Administrativa*, p. 32) – do que se trata é (porventura, da admissão e exclusão de concorrentes e) da avaliação e ordenação das suas respostas ou *propostas*, ainda que estas versem sobre as qualidades dos seus proponentes, sendo que os conceitos "*apreciação e selecção de candidatos*" se reportam, antes, à figura quási inversa do concurso limitado por pré-qualificação.

Como quer que seja, estando em causa um concurso público, o que no preceito se queria dispor era que sobre as referidas matérias, nomeadamente sobre a avaliação, ordenação e adjudicação das propostas (no mínimo, dos concorrentes), a decisão pertence ao Conselho de Ministros, através de uma resolução – não sendo sequer necessário dizer que se trata da decisão final, porque antes dela não há decisões, mas meros juízos ou propostas de decisão da autoria do júri ou comissão do concurso.

Equívoca é também, de resto, a menção final à "*apreciação e selecção dos candidatos **a que se refere o número anterior***", pois que tal referência só pode reportar-se mesmo aos candidatos – nada há no número anterior sobre a sua "*apreciação*" ou "*selecção*" – e portanto o citado adjunto adverbial, porque inútil e equívoco, só serve para confundir.

ARTIGO 8º
Venda directa

1 – A venda directa de capital da empresa consiste na adjudicação sem concurso a um ou mais adquirentes do capital a alienar.

2 – Para efeitos do disposto no número anterior, é sempre obrigatória a existência de um caderno de encargos, com indicação de todas as condições da transacção.

3 – É da competência do Conselho de Ministros a escolha dos adquirentes, bem como a definição das condições específicas de aquisição do capital social.

Comentário

1. *Natureza e âmbito: casos omissos e seu suprimento*
2. *O regime da venda directa entre liberdade e vinculação: nomeadamente, a negociação das propostas*
3. *As peças do procedimento da venda directa e as especificidades do seu regime face às do concurso público*
4. *Competência para a decisão subjectiva e objectiva da venda directa*

nº 1

1. O preceito só se refere à venda directa do capital da empresa, de todo ele ou da parte que se reprivatiza, mas considera-se a sua disciplina extensível à venda ou ajuste directo da titularidade de "*outros bens nacionalizados*" – que não se encontra regulada aqui nem no art. 26º, apresentando tal hipótese, parece-nos, maior analogia com o regime da venda directa da titularidade do capital de uma empresa do que com a cessão do direito de sua exploração.

Define-se a venda directa como consistindo "*na adjudicação sem concurso a um ou mais adquirentes do capital a alienar*" – noção que, em rigor, corresponde à do procedimento do *ajuste directo* –, sendo a *venda* o contrato que se celebra (directamente, sempre, claro) na conclusão de tal procedimento, **após** a adjudicação, e cujo conteúdo resulta da fusão do conteúdo do caderno de encargos com os termos da melhor das propostas do ou dos concorrentes convidados para o efeito e da escolha (mais ou menos discricionária, mais ou menos vinculada, consoante as disposições constantes do convite para a "venda") pela Administração, pelo Conselho de Ministros, da mais vantajosa delas, na sequência de eventuais negociações que se estabelecerem a propósito dos seus atributos.

Por outro lado, o legislador passou directamente da regulação da primeira alternativa do nº 2 do art. 6º, a do *concurso público*, para a disciplina da última do nº 3, a da *venda directa*, saltando por cima da *oferta pública* e do *concurso limitado* (por escolha administrativa).

O que, em relação a essa oferta – que aquele nº 2 manda submeter ao regime do Código de Valores Mobiliários –, se compreende bem, mas já não tanto em relação ao mencionado concurso limitado, porque as indicações que sobre ele se contêm na alínea *a)* do nº 3 do tal art. 6º são muito escassas, e não teria dado qualquer trabalho dispor aqui, por exemplo, o mesmo (*rectius*, com a mesma extensão com) que no art. 7º se prescreveu a propósito do concurso público.

Sendo certo que, pelo menos, a norma do nº 2 desse art. 7º – sobre caber ao Conselho de Ministros a decisão final de avaliação e ordenação das respostas ou propostas dos concorrentes e a decisão de adjudicação – deve considerar-se aplicável também ao concurso limitado da alínea *a)* do art. 6º/3.

2. Dissemos que a venda directa se caracterizava, para além daquilo que esteja expressamente posto na Lei-Quadro ou no decreto-lei de reprivatização, por uma ampla margem de escolha entre condutas e opções variadas por parte da Administração reprivatizadora, inclusivamente a realização de diligências pré-procedimentais de sondagem do mercado, por exemplo, para decidir sobre as condições a praticar e, eventualmente, sobre a própria modalidade a adoptar.

Por outro lado, ao contrário do que sucedeu no caso do concurso público, a propósito do qual questionámos a admissibilidade de negociações prévias da avaliação final e da adjudicação das propostas, no caso do ajuste ou venda directa – apesar da enganosa redacção dos preceitos dos n.ºs 1 e 2 (sobretudo deste) do art. 8º, sempre a deixarem pairar vagamente uma ideia de automatismo e vinculação –, a verdade é que, a não ser em caso de sua proibição expressa, dir-se-ia até que a admissibilidade de negociação da proposta apresentada, ainda que não venha prevista em lado algum, é mesmo um traço característico dos procedimentos de ajuste ou venda directa.

É-o, pelo menos, nos casos em que só se convida uma entidade para esse procedimento.

Sendo convidada mais do que uma, o CCP, no qual a defesa da concorrência assumiu, e bem, foros de garantia sistémica - mesmo naqueles procedimentos antes sempre tratados informalmente, como no caso da *consulta* ou *ajuste directo com três entidades* -, o CCP só admite hoje a negociação das respectivas respostas ou propostas desde que isso tenha ido referido no respectivo convite (arts. 115º/2 e 118º/1), regra que, por prudência, deveria considerar-se aplicável também nos procedimentos menos formalizados das operações de reprivatização.

Ressalvam-se dessa ampla liberdade de escolha da Administração, sob pena de invalidade da venda, as exigências procedimentais da *concorrência*, da *igualdade* e da *transparência* - a qual, neste caso, corresponde à confidencialidade das negociações que corram com os vários convidados.

Por outro lado, a Lei-Quadro, exige, também aqui, a existência de um caderno de encargos "*com a indicação de todas as condições da transacção*" - com todas as condições aí consideradas irrenunciáveis c inegociáveis da transacção, entenda-se, porque sobre aquelas que não venham aí vinculadamente estabelecidas pode o júri (ou a comissão encarregada de dirigir o procedimento) e os convidados acertarem o que entenderem mais conveniente.

Quanto às condições postas vinculadamente no convite ou no caderno de encargos e que a Administração manifestou aí não estar disposta a negociar [alínea *a)* do art. 115º/2 do CCP], devem elas considerar-se como intangíveis, em qualquer caso, por se entender deverem prevalecer então, sem ressalva, os princípios da legalidade e da concorrência - não podendo a Administração recusar-se a alienar o bem em causa, desde que o concorrente convidado, ainda que seja só um, satisfaça as condições vinculativas da transacção.

3. Ao contrário do que sucede no caso do concurso público do art. 7º, a existência do caderno de encargos do ajuste directo parece não ser menção a incluir obrigatoriamente no decreto-lei da reprivatização.

O que se compreende, dada a circunstância de ali, naquele concurso, não se saber quem são os potenciais interessados em apresentar propostas, tendo portanto que dar-se notícia pública da existência do caderno de encargos, enquanto aqui, no ajuste directo, sabe-se quem é o ou quem são os 3 ou 5 convidados para o efeito, pelo que se lhes envia essa peça do procedimento - e também o respectivo programa (eventualmente nela incluído), respeitante não às *"condições da transacção"*, mas à sequência do procedimento e aos requisitos e atributos das respostas ou propostas dos concorrentes.

Por outro lado, também não há aqui indicação directa ou indirecta " *de todas as condições* [subjectivamente] *exigidas aos concorrentes*", como no art. 7º/1 havia, mas sim a menção, no caderno de encargos, "*de todas as condições* [objectivas] *da transacção*", daquelas que são para observar vinculativa ou alternativamente, claro.

nº 3

4. As fórmulas literais e conceptuais utilizadas na lei, em matéria de competência decisória subjectiva e objectiva, não são as mais claras e apropriadas.

Efectivamente, confere-se ao Conselho de Ministros competência para "*a escolha dos adquirentes, bem como* [para] *a definição das condições específicas de aquisição do capital social*", ficando-se na dúvida, primeiro, sobre se aquela "*escolha dos adquirentes*" corresponde à designação das entidades a convidar para o ajuste directo ou, antes, à designação do ou dos adjudicatários, isto é, da ou das entidades a quem vai ou vão ser vendidas as partes do capital a reprivatizar, e, em segundo lugar, como não há qualquer indicação da sequência procedimental, que "*condições específicas de aquisição*" são essas que se referem na parte final do preceito.

Em nossa opinião - sendo verdade, talvez, que aquele conceito de "*escolha dos adquirentes*" pelo Conselho de Ministros foi posto na lei como referido à "escolha", melhor, à determinação do ou dos adjudicatário -, é também a esse órgão que cabe designar a ou as entidades que vão ser convidadas para o procedimento do ajuste directo (convidadas a apresentar aí proposta, portanto).

Por sua vez, as "*condições específicas da aquisição*" são aquelas que resultam da fusão das condições vinculadas ou não do caderno de encargos (às quais se refere o anterior nº 2 e os comentários que a esse propósito tecemos) com os atributos específicos da resposta ou proposta da entidade adjudicatária - ou, havendo vários lotes, da proposta da respectiva entidade adjudicatária –, nos termos já adiantados no antecedente comentário nº 4.

ARTIGO 9º
Obrigações de reprivatizações

As sociedades anónimas resultantes da transformação de empresas públicas podem emitir «obrigações de reprivatização», sob a forma de obrigações convertíveis em acções ou de obrigações com direito a subscrever acções, salvaguardada a observância das exigências constantes da presente lei.

Comentário

1. *O financiamento da sociedade a reprivatizar através das obrigações de reprivatização*
2. *A emissão das obrigações de reprivatização: sua previsão e procedimento a adoptar*
3. *Sequência das operações de financiamento e de reprivatização*

1. A resposta à primeira questão que se suscita a propósito deste art. 9º – sobre a entidade (melhor, talvez, sobre o momento) a que a lei refere a faculdade de emitir as "*obrigações de reprivatização*" aqui previstas, e que vem reportada às "*sociedades anónimas resultantes da transformação*" –, é de que se trata da realização ou concretização (*ex ante* e convoladamente, digamos assim) da reprivatização em dois momentos: um primeiro, com a emissão pela empresa a reprivatizar de títulos de dívida que, além dos direitos creditícios correspondentes às obrigações emitidas, conferem também – em condições pré-indicadas, normalmente preferenciais – o direito a convertê-los em capital ou um direito a subscrever capital que a mesma entidade venha a emitir. E depois, um segundo momento, que ocorre com essa conversão ou subscrição preferenciais.

Trata-se afinal de uma possibilidade de reprivatização através de um aumento do capital da entidade emitente – ou da utilização por esta de acções próprias que (nos casos em que tal seja admissível) possam por si ser detidas – em que afinal é a própria entidade a privatizar que beneficia integralmente com o encaixe da emissão (num primeiro momento, por poder contrair dívida em condições que se imaginam próximas do mercado de capitais na vertente de dívida e, num segundo momento, por poder converter essa mesma dívida em capital).

No fundo, estão a utilizar-se aqui, no contexto das reprivatizações, conceitos e figuras consagrados no Código das Sociedades Comerciais para sociedades anónimas em geral – os arts. 360º e ss., relativos às obrigações convertíveis em acções e os arts. 372º-A e ss., sobre obrigações que conferem direito à subscrição de acções – figuras que podem revelar-se de especial utilidade para a própria empresa em reprivatização na medida em que lhe permite auferir um encaixe financeiro significativo (primeiro a título de dívida, pelo qual a emitente pagará um juro nos termos indicados no art. 369º daquele Código e, depois, a título de capital, aquando da conversão ou subscrição preferencial das novas acções, havendo a partir de então lugar ao pagamento de um dividendo, como aliás esse mesmo artigo também dispõe).

De referir ainda algumas particularidades do regime aplicável nestes casos tendo particular relevo para nós a proibição – consagrada no art. 368º, *ex vi*, art. 372º-B do referido Código – de (até ao momento da conversão em capital das obrigações) se introduzirem certas alterações estatutárias ou orgânicas nos estatutos da sociedade emitente, precisamente para assegurar a estabilidade dos direitos concedidos aos titulares de obrigações convertíveis ou de obrigações que confiram direito a subscrição de acções.

2. É evidente que a emissão destas obrigações há-de estar expressamente contemplada (ou ao menos autorizada) no decreto-

-lei a que se referem os arts. 4º, 7º e 13º da Lei-Quadro – eventualmente no caderno de encargos do ajuste directo do art. 8º/2 – porque tal operação prende-se com as "*condições especiais de aquisição de acções*" que devem ser fixadas naquele diploma (art. 13º), mesmo se os casos aí literalmente referidos são apenas os dos arts. 11º/1 e 12º/2, parecendo-nos contudo dever a exigência aplicar-se analogicamente às condições desta forma especial de conversão (em) ou subscrição de capital.

Por outro lado, a operação aqui prevista, só sendo embora utilizável no caso em que a reprivatização se processa através de operações de alienação ou subscrição de acções, serve a qualquer um dos procedimentos referidos nos n.os 2 e 3 do art. 6º, isto é, ao concurso público e à oferta pública de venda, da primeira dessas normas, e ao concurso limitado e ao ajuste directo, da segunda, de acordo com os pressupostos aí referidos.

3. No caso em que se recorra a esta faculdade de emissão de "*obrigações de reprivatização*", que ou são convertíveis em acções ou conferem direito à sua subscrição, como expressamente se dispõe neste art. 9º, a operação de reprivatização (referimo-nos, claro, apenas àquilo que ela tem de específico face à comum operação de reprivatização) desenrola-se então na seguinte sequência:

- titulação em acta societária da deliberação da operação de emissão de dívida e do correspondente aumento do capital social da entidade emitente e as respectivas aprovações dos reguladores;
- emissão e oferta para subscrição pública (eventualmente privada) das obrigações da dívida com respeito, se aplicáveis, de eventuais direitos de preferência de accionistas à subscrição preferencial das obrigações convertíveis;
- encaixe pelo emitente do preço de subscrição pago por cada um dos adquirentes e averbamento nominativo (em caso de intransmissibilidade) em nome dele;
- conversão das obrigações adquiridas em acções da empresa reprivatizada, quando aplicável, ou subscrição pre-

ferencial de novas acções por ela emitidas, nos termos indicados nas condições de aquisição das obrigações de reprivatização;

ARTIGO 10º
Capital reservado a trabalhadores e pequenos subscritores

(*Revogado*)

Nota:
- O art. 10º dispunha

1 - Uma percentagem do capital a reprivatizar será reservada à aquisição ou subscrição por pequenos subscritores e por trabalhadores da empresa objecto da reprivatização.

2 - Os emigrantes poderão também ser abrangidos pelo disposto no número anterior.

Comentário

1. Fundamentos da revogação

nº 1

1. A revogação das normas deste anterior art. 10º - o qual (apesar de o art. 2º da Lei dispor que ele "*passa a ter a seguinte redacção*") subsiste, assim, vazio - deve-se certamente ao facto de se ter entendido que a disciplina do anterior nº 1, relativa à reserva de uma percentagem do capital a reprivatizar para pequenos subscritores e trabalhadores da empresa a reprivatizar, quanto aos primeiros, não deveria constituir uma vinculação da lei, até porque a Constituição também não a impunha, e de, quanto aos trabalhadores, o direito de aquisição preferencial já resultar explicitamente do que se estabelece no mais desenvolvido art. 12º/1.

Quanto ao nº 2, a sua revogação explica-se porque a eventualidade de se reservarem acções da empresa a reprivatizar para aquisição ou subscrição por emigrantes poderia ser vista como uma discriminação em função da nacionalidade e gerar, assim, problemas de compatibilidade com o TFUE.

ARTIGO 11º
Regime de aquisição ou subscrição de acções por pequenos subscritores

1 – A aquisição ou subscrição de acções por pequenos subscritores pode beneficiar de condições especiais, desde que essas acções não sejam oneradas ou objecto de negócio jurídico que transmita a titularidade das acções ou os direitos que lhes são inerentes, ainda que com eficácia futura, durante um determinado período a contar da data da sua aquisição ou subscrição, sob pena da nulidade do referido negócio.

2 – (*Revogado*)

Nota:

- O nº 1 dispunha

A aquisição ou subscrição de acções por pequenos subscritores e emigrantes beneficiará de condições especiais, desde que essas acção não sejam transaccionadas durante um determinado período a contar da data da sua aquisição ou subscrição.

- O nº 2 dispunha

As acções adquiridas ou subscritas nos termos do número anterior não conferem ao respectivo titular o direito de votar na assembleia geral, por si ou por interposta pessoa, durante o período da indisponibilidade

Comentário

1. *Limitação do âmbito de aplicação à reprivatização de empresas*
2. *Liberdade da opção e menções a incluir no decreto-lei*
3. *Regime e sanção da intransmissibilidade "inter-vivos" das acções adquiridas*
4. *Fundamentos da revogação do nº 2*

nº 1

1. Mais um preceito especificamente vocacionado para a reprivatização da titularidade do capital de sociedades anónimas, de todo ou parte dele, não fazendo sentido aplicá-lo nos casos em que o objecto da reprivatização é a titularidade de um bem ou o direito de exploração de uma empresa – salvo se essa titularidade ou direito de exploração a reprivatizar constituíssem o objecto da actividade de uma sociedade anónima criada para o efeito, podendo então, sem que isso seja vinculativo, guardar-se uma percentagem do respectivo capital para ser subscrito em condições especiais por pequenos subscritores.

É hipótese não impossível, mas algo inverosímil na prática, pelo que o campo de eleição da norma é mesmo o da alienação ou subscrição de todo ou parte do capital da sociedade anónima a reprivatizar.

E mais o é quando se aposta na hipótese de dispersão desse capital, através de oferta pública, por um número considerável e indeterminado de investidores, não já naqueles casos em que se pretende vender a empresa em bloco (ou em vários grandes blocos) e em que pouco ou nenhum sentido faz – não se esqueça que não há aqui, em hipótese alguma, a imposição pela Lei-Quadro de se fazerem beneficiar pequenos subscritores de preferências ou de condições especiais de aquisição ou subscrição de acções –, pouco sentido faz, dizia-se, dispersar parte do capital por um número considerável de pequenos subscritores.

Pelo contrário, só prejudica o interesse do novo grupo accionista, obrigado então a submeter-se às inafastáveis regras de intervenção e participação das minorias no governo da sociedade, afectando a tranquilidade e a eficiência da gestão que é sua pretensão (desse grupo), e desincentivando-o por isso de comprar a empresa ou de a comprar por um preço mais alto.

É verdade que para os trabalhadores se tem de reservar sempre, qualquer que seja o processo ou procedimento de reprivatização, uma percentagem do capital respectivo – mas isso não reforça, (poderia até dizer-se, bem pelo contrário) uma difusa pretensão de pequenos subscritores ao reconhecimento de uma posição semelhante.

2. A reserva de uma parte do capital da sociedade para pequenos subscritores a preços (ou condições) especiais, ao contrário do que sucede no caso dos respectivos trabalhadores, corresponde a uma opção discricionária do Governo, a manifestar no decreto-lei do art. 13º da Lei-Quadro sem quaisquer amarras a vinculações constitucionais ou legalmente reforçadas, consoante lhe pareça mais conveniente para os objectivos que eleja como essenciais em cada operação de reprivatização (ou em cada operação de um processo de reprivatização, quando este vier dividido em várias)

As obrigações do Conselho de Ministros, caso opte por exercer a faculdade que aqui se lhe confere, resolvendo apostar na dispersão do capital da empresa e facilitar a aquisição de acções dela por pequenos subscritores, a preços ou condições especiais, tais obrigações, dizia-se, consistem na menção, no decreto-lei da reprivatização:

- à percentagem do capital que pode ser vendida (ou rateada) em condições especiais;
- à determinação de quem é considerado pequeno subscritor, fixando o número máximo de acções a cuja aquisição ou subscrição eles podem candidatar-se, sem direito de acrescer em acções "espaciais" sobrantes;
- à determinação do período de inegociabilidade dessas acções e de sua imobilização na titularidade dos respectivos subscritores, para efeitos de aplicação da proibição e sanção (de nulidade) previstas no segundo segmento deste nº 1.

3. A subscrição destas acções, determina-o a Lei, constitui o adquirente na obrigação de as manter na sua titularidade, impedindo-o de as onerar ou transmitir dentro do período fixado, ainda que com efeitos diferidos para data em que já seja legalmente permitida a sua transmissão – numa proibição mais rígida portanto da que constava da redacção inicial da Lei nº 11/90 –, ficando os negócios jurídicos celebrados contra a proibição deste art. 11º/1, como nele próprio se determina (e sempre resultaria do art. 280º/1 do Código Civil), feridos de nulidade.

Significa isso, além de tudo o mais, que tal invalidade arrasta consigo a nulidade do respectivo negócio translativo, porque o acto ou negócio nulo não obriga, é desprovido de efeitos – podendo a própria sociedade ou qualquer um dos seus accionistas opor isso mesmo ao adquirente prematuro daquelas acções ou a quem quer que apareça a arrogar-se exercer direitos a elas inerentes (e não seja o seu adquirente originário).

É evidente, em contrapartida, que as referidas acções (e os direitos e deveres que lhes são inerentes) são transmissíveis *mortis causa*, livremente e a todo o tempo.

nº 2

4. A revogação do nº 2 deve-se certamente ao facto de se ter considerado excessivo – senão inconstitucional, pelo menos, violador do princípio estruturante do igual tratamento dos accionistas – o impedimento aí posto ao exercício do direito de voto por parte dos pequenos subscritores durante o período de indisponibilidade das acções por si adquiridas.

Preguiçosamente, como já se disse, o legislador não se dispôs, nesta Lei nº 11/90, em função dos preceitos nela revogados, a refazer a numeração do diploma, o que significa que, quando nela se remete para um artigo que hoje só tem um preceito, por o outro que o integrava ter sido revogado, acaba por se fazer referência explícita (como aqui sucede) ao nº 1 do art. 11º, quando ele não tem nº 2.

Sistematicamente – aspecto que devia vir rodeado das maiores cautelas –, é um desconsolo ter uma lei, ainda por cima de valor reforçado, com tais maleitas.

ARTIGO 12º
Regime de aquisição ou subscrição de acções por trabalhadores

1 – Os trabalhadores ao serviço da empresa a reprivatizar têm direito, independentemente da forma escolhida para a reprivatização, à aquisição ou subscrição preferencial de acções, podendo, para o efeito, atender-se, designadamente, ao tempo de serviço efectivo por eles prestado.

2 - A aquisição ou subscrição de acções pelos trabalhadores da empresa a reprivatizar pode beneficiar de condições especiais, desde que essas acções não sejam oneradas ou objecto de negócio jurídico que transmita a titularidade das acções ou os direitos que lhes são inerentes, ainda que com eficácia futura, durante um determinado período a contar da data da sua aquisição ou subscrição, sob pena da nulidade do referido negócio.

3 - (*Revogado*)

4 - (*Revogado*)

5 - O disposto nos números anteriores pode ser aplicável aos trabalhadores de sociedades em relação de grupo ou de domínio com a sociedade que resultar da transformação da empresa pública a reprivatizar.

Nota:

- O nº 1 dispunha

Os trabalhadores ao serviço da empresa a reprivatizar, bem como aqueles que hajam mantido vínculo laboral durante mais de três anos com a empresa pública ou com as empresas privadas cuja nacionalização originou esta empresa pública, têm direito, independentemente da forma escolhida para a reprivatização, à aquisição ou subscrição preferencial de acções, podendo, para o efeito, atender-se, designadamente, ao tempo de serviço efectivo por eles prestado.

- O nº 2 dispunha

A aquisição ou subscrição de acções pelos trabalhadores da empresa a reprivatizar beneficiará de condições especiais, não podendo essas acções ser objecto de negócio jurídico que transmita ou tenda a transmitir a sua titularidade, ainda que com eficácia futura, durante um determinado período a contar da data da sua aquisição ou subscrição, sob pena da nulidade do referido negócio.

- O nº 3 dispunha

As acções adquiridas ou subscritas nos termos do presente artigo não conferem ao respectivo titular o direito de votar na assembleia geral por interposta pessoa durante o período de indisponibilidade a que se refere o número anterior.

- O nº 4 dispunha

Não beneficiarão do regime referido no nº 1 os antigos trabalhadores da empresa que hajam sido despedidos em consequência de processo disciplinar e ainda os que hajam passado a trabalhar noutras empresas com o mesmo objecto social daquela, por o contrato de trabalho ter cessado por proposta dos trabalhadores interessados.

- O nº 5 (que, por causa da revogação dos n.os 3 e 4, deveria ser o nº 3) foi acrescentado pela Lei nº 50/2011

Comentário

1. *Os direitos efectivos e eventuais dos trabalhadores das empresas a reprivatizar*
2. *Efeitos possíveis e admissíveis da aquisição* ***preferencial****: inexistência do direito de acrescer*
3. *Requisitos normativos da aquisição preferencial: a preferência parcelada.*
4. *A livre transmissibilidade das acções preferenciais*
5. *A posição dos ex-trabalhadores*
6. *Várias questões sobre o âmbito da preferência*
7. *Sentido da alteração do nº 2 pela Lei nº 50/2011*
8. *O universo da aquisição* ***especial*** *e nexo com o da* ***preferencial***
9. *Requisitos, limites e sanções da aquisição especial*
10. *Fundamentos da revogação dos nºs 3 e 4*
11. *A situação dos trabalhadores de empresas em relação de grupo ou de domínio com a empresa reprivatizada*

nº 1

1. É imposição da alínea *d)* do art. 293º/1 da Constituição, concretizada neste nº 1 do art. 12º da Lei-Quadro, que uma percentagem do capital da sociedade anónima a reprivatizar - quer a sua actividade (ou activo) consista na titularidade de uma empresa ou, por remissão do art. 26º, no direito da respectiva exploração (se a sociedade criada para o efeito tiver trabalhadores, claro), mas só nesses casos, como já referimos em comentário ao art. 11º –, que uma percentagem do respectivo capital seja reservada para aquisição ou subscrição por parte deles, trabalhadores da empresa a reprivatizar, preferindo nessa parte a outros interessados.

Trata-se de uma imposição constitucional a que a Lei-Quadro, como não podia deixar de ser, deu guarida expressa e que diferencia os trabalhadores dos pequenos subscritores, os quais não têm direito à aquisição ou subscrição de qualquer bloco de acções, dependendo tal direito, em relação a eles, do alvedrio do autor do decreto-lei da reprivatização.

Já quanto à eventual concessão de condições especiais de aquisição (preço, forma de pagamento, etc.), os trabalhadores encontram-se na mesma situação dos pequenos subscritores – sem garantia de tal benefício, portanto, e dependendo das opções do decreto-lei da reprivatização –, dispondo sobre isso, em termos literalmente iguais, respectivamente, os arts. 12º/2 e 11º/1 da Lei-Quadro.

Por ora, ocupamo-nos daquela imposição.

2. Da referida imposição constitucional resulta, poderiam resultar, então, várias preferências:

- a primeira é a de que esta norma prefere a todas as outras imposições constitucionais ou legais quanto à alienação ou subscrição de acções de sociedades reprivatizáveis, mesmo quando se decida vendê-las em bloco, como um todo indivisível;
- a segunda é a de que no âmbito da percentagem reservada aos trabalhadores, eles não concorrem com outros interessados;
- a terceira é a de que, em relação a essa percentagem, eles prefeririam na aquisição das acções sobrantes, que outros trabalhadores não quisessem adquirir, as quais acresceriam ao bloco rateável pelos demais;

A primeira das preferências é inquestionável, mesmo se o modo de a tornar efectiva se pode revestir de alguma dificuldade, como quando as acções são vendidas, nos termos dos n.os 2 e 3 do art. 6º, através de concurso público, de concurso limitado ou de ajuste directo, casos em que há-de então reservar-se uma parte para sua subscrição apenas por trabalhadores, retirando-a do âmbito daqueles procedimento – sendo constitucionalmente irremediável, porém, quaisquer que sejam aquelas dificuldades, que no decreto-lei da reprivatização (para além de menções a que nos referimos em comentário subsequente) se reserve uma percentagem certa e determinada do capital social da empresa para ser subscrito pelos seus trabalhadores.

A segunda das referidas preferências é também inquestionável, sendo aliás a ela, certamente, que o conceito "preferencial" da Lei-Quadro se reporta.

A terceira preferência é de muito questionável admissibilidade.

Entende-se, efectivamente, que cada trabalhador ou grupo de trabalhadores (diferenciados pela sua antiguidade) tem direito a um número máximo de acções e que a parte sobrante, não adquirida ou subscrita, da percentagem de capital reservada para o efeito vai reforçar o bloco de acções destinadas a serem alienadas ou subscritas em regime comum, pelo público ou pelos investidores qualificados que se pretende venham tomar conta da empresa, para a modernizar, reforçar a sua competitividade ou reestruturar empresarialmente.

Pelo menos, no caso de as acções serem oferecidas aos trabalhadores em condições especialmente vantajosas, como previsto no nº 2 deste art. 12º, há-de ser assim, como resulta do *intuitu personae* subjacente à fixação dessas condições e da medida da percentagem reservada para o efeito.

Mesmo fora desse caso, entende-se que a solução é igual – para ela apontando a *ratio* e finalidade da reserva preferencial, bem como o ideário subjacente ao reconhecimento desta preferência, ao seu carácter de recompensa daqueles que labutam para tornar a empresa atractiva.

3. Obrigatório para o legislador do decreto-lei do art. 4º e (ou) do art. 13º é pois, primeiro, que reserve para os trabalhadores da empresa uma determinada percentagem das acções que integram a respectiva operação de privatização – que tanto pode incidir, parcelada ou unitariamente, sobre a totalidade do capital da empresa, quanto apenas sobre 5% ou 10% dela – e, em segundo lugar, que fixe para o efeito uma percentagem que não seja meramente simbólica ou arbitrária, fazendo-o em função ponderada do maior ou menor dos trabalhadores da empresa, da sua maior ou menor antiguidade média e presumindo que eles quererão empenhar, por exemplo, um valor correspondente, vá lá, a 2 meses do total de remunerações salariais pagas na empresa.

Se daí não resultar, claro, uma percentagem defeituosa ou excessivamente absurda, deixando, por hipótese, a operação sem um atractivo suficiente para os grandes investidores acorrerem entusiasmadamente à reprivatização e afectando assim a receita que se pretendia que ela proporcionasse, em vista da redução do débito e da sanidade das contas públicas.

Para além dessas menções obrigatórias para o legislador da reprivatização – a de fixação de uma percentagem preferencial para os trabalhadores da empresa e de se estabelecer uma medida razoável para a mesma, que não peque por arbitrariedade –, há-de ele estabelecer também a quantidade máxima de acções em relação à qual cada trabalhador goza de preferência, sendo legítimo estabelecer diferenças entre as diversas categorias suas (mas apenas) em relação à quantidade de acções adquiríveis, como adiante se refere, e não sendo exigido, por outro lado, se o processo de reprivatização for decidido em várias operações, que a preferência legal seja reconhecida em todas elas, desde que numa ou em várias do mesmo processo se atinja a percentagem global que tenha sido considerada legalmente apropriada para o efeito.

4. Note-se que sobre as acções adquiridas ou subscritas ao abrigo do regime preferencial deste nº 1 não recai qualquer ónus ou impedimento relativo à sua transmissibilidade, como sucede com aquelas que sejam eventualmente adquiridas nas condições especiais do subsequente nº 2 (ou, por pequenos subscritores, ao abrigo do art. 11º/1).

Nem pode, claro, a Lei-Quadro ou um decreto-lei de reprivatização – porque se trataria de restringir ou condicionar um direito que a alínea *d)* do art. 293º/1 da Constituição confere irrestrita e incondicionalmente – sujeitar as acções adquiridas ou subscritas em regime preferencial por trabalhadores a quaisquer ónus ou impedimentos que tenham efeitos restritivos desses.

5. A alteração introduzida no nº 1 destinou-se a excluir do direito de aquisição preferencial e especial aí conferido os ex-trabalhadores (por mais de três anos) da empresa reprivatizada, qualquer que fosse o tempo decorrido após a cessação do respectivo vínculo, solução que não tinha qualquer apoio constitucional, pecando por manifesto excesso lógico e ideológico.

6. A actual redacção do preceito, na sua aparente simplicidade, suscita problemas "levados da breca".

Começa por se ignorar se o direito de cada trabalhador à subscrição preferencial de acções se vence no momento em que é publicado o decreto-lei a dispor sobre a respectiva operação ou fase da reprivatização ou se os trabalhadores preferenciais são aqueles que estiveram ao serviço da empresa quando for aberto o procedimento de sua alienação, havendo razões a propender em ambos os sentidos – ficando nós com a ideia de que o momento relevante para o efeito é aquele em que o direito à aquisição ou subscrição se torna exercitável, sendo destinatários da norma, portanto, quem tiver a categoria de trabalhador no momento da abertura da subscrição ou do procedimento da reprivatização, qualquer que ele (esse procedimento) seja.

O segundo problema que o preceito suscita respeita ao reconhecimento da categoria de trabalhadores, entendendo-se não haver aqui qualquer diferenciação a fazer entre os contratos a prazo e sem prazo, mas apenas entre trabalhadores e prestadores de serviços, não beneficiando estes últimos do direito de preferência.

Quanto aos trabalhadores já reformados da empresa, muitos dos quais até terão contribuído com vidas de trabalho para a erguer e fazer progredir, a lei também lhes nega o direito à aquisição ou subscrição preferencial de acções, referindo-o apenas aos "*trabalhadores ao serviço da empresa*", que os reformados já não estão, por muito injusta e eventualmente arbitrária que possa parecer a opção.

Interrogamo-nos finalmente sobre o sentido a dar ao segmento do nº 1 do art. 12º em que se dispõe "*[...] podendo, para o efeito, atender-se, designadamente, ao tempo de serviço efectivo por eles prestado*". Tratar-se-á de um factor legalmente relevante para determinar a maior ou menor quantidade de acções a que os trabalhadores mais antigos e mais novos têm direito ou, antes, de reconhecimento do próprio direito à preferência apenas a partir de certa antiguidade?

Embora carecendo de elementos da própria lei que nos auxiliassem a tomar uma posição firme na matéria, somos de opinião de que, não havendo aí uma manifestação expressa e clara de querer privar do direito de preferência genericamente conferido aos "trabalhadores" algumas suas categorias mais recentes, deve entender-se aquele segmento da lei no sentido de que a medida do direito de preferência, e só ela, pode ser fixada em função da antiguidade dos trabalhadores ao serviço da empresa.

Aliás, em bom rigor, a alínea *d)* do art. 293º/1 da Constituição dificilmente consentiria outra interpretação.

No mesmo sentido milita o facto de ser essa a interpretação sugerida pela anterior versão do preceito, cujas alterações pela Lei nº 50/2011 não se reflectiram na parte dele de que agora nos ocupamos.

nº 2

7. A alteração introduzida neste nº 2 pela Lei nº 50/2011 destinou-se a esclarecer que os negócios de que resultasse *oneração* das acções adquiridas em condições especiais também ficavam abrangidos pela proibição da sua mobilização, prescindindo-se da fórmula mais restrita usada na versão inicial da Lei nº 11/90, respeitante apenas aos casos de "*negócio jurídico que tenda a transmitir a sua titularidade*".

8. A norma deste nº 2 prevê que o legislador da reprivatização possa criar, a favor dos trabalhadores da respectiva empresa condições especiais para aquisição ou subscrição de acções no processo de reprivatização, não se tratando porém aqui de uma imposição da Lei-Quadro, muito menos da Constituição.

Por outro lado, embora não haja na lei uma ligação incidível entre o benefício (obrigatório) da *aquisição preferencial* e o (facultativo) da *aquisição especial*, parece-nos que, a existir este último, ele deve ser associado àquele primeiro, pelo que a concessão de condições especiais de aquisição valeria para o mesmo universo da aquisição preferencial, por haver uma forte ligação teleológica entre os dois universos.

9. A concessão aos trabalhadores desta possibilidade de aquisição ou subscrição de acções em condições especiais (de preço, de pagamento, etc.) depende dos mesmos requisitos e está sujeita às mesmas sanções que vimos vigorarem para o caso idêntico dos pequenos subscritores contemplados no art. 11º/1, pelo que deve o leitor procurar aí (comentários n.ºs 2 e 3 respectivos) o que de relevante nos parece haver sobre a matéria.

nº 3 e 4

10. A revogação do nº 3 deve-se às mesmas razões que enunciámos acima a propósito da revogação do nº 2 do art. 11º.

A revogação do nº 4 deve-se ao facto de, pela alteração do nº 1, como já acima se viu, os seus ex-trabalhadores terem sido excluídos do direito preferencial e especial de aquisição de acções da empresa a reprivatizar.

11. A Lei nº 50/2011 acrescentou a este art. 12º um novo número – que, dada a revogação dos anteriores n.ºs 3 e 4, deveria ser o novo nº 3, mas que ficou como nº 5, pelo já assinalado método que, do ponto de vista sistemático, o legislador estranhamente adoptou para numerar os preceitos da Lei – no qual se dispõe poder o decreto-lei da reprivatização estender ou não, consoante entendesse o respectivo autor, os direitos de aquisição preferencial e de aquisição especial aos trabalhadores de sociedades que estejam em relação de grupo ou dominío com a sociedade a reprivatizar (arts. 488º e ss. do CSC).

Certamente que a predisposição do legislador de cada reprivatização para alargar ou não tais direitos aos trabalhadores dessas sociedades estará ligada à contribuição mais ou menos íntima que eles darão para a valia da sociedade a reprivatizar ou então por quaisquer outras circunstâncias que se entenda deverem levar a dar-lhes um tratamento igual ao dos trabaladores dela.

Assinale-se, finalmente, que o alargamento em causa pode respeitar aos dois direitos referidos - se os trabalhadores da sociedade a reprivatizar também deles beneficiarem - ou só ao da aquisição preferencial, mesmo nesse pressuposto do benefício duplo dos trabalhadores "originários".

ARTIGO 13º
Regulamentação e restrições

1 - O decreto-lei referido no nº 1 do artigo 4º aprovará o processo, as modalidades de cada operação de reprivatização, designadamente os fundamentos da adopção das modalidades de negociação previstas nos nºs 3 e 4 do artigo 6º, as condições especiais de aquisição de acções e o período de indisponibilidade a que se referem os artigos 11º, nº 1 e 12º, nº 2.

2 - No diploma referido no número anterior pode ser determinado que nenhuma entidade, singular ou colectiva, pode adquirir ou subscrever mais do que uma certa percentagem do capital a reprivatizar, sob pena de redução da respectiva proposta à percentagem aí prevista.

3 - (*Revogado*)

4 - Para os efeitos do disposto no nº 2, as situações previstas no artigo 20º do Código dos Valores Mobiliários determinam a imputação de direitos de voto à entidade adquirente ou subscritora.

Nota:

– O nº 3 dispunha

O diploma que operar a transformação poderá ainda limitar o montante das acções a adquirir ou a subscrever pelo conjunto de entidades estrangeiras ou cujo capital seja detido maioritariamente por entidades estrangeiras, bem como fixar o valor máximo da respectiva participação no capital social e correspondente modo de controlo, sob pena de venda coerciva das acções que excedam tais limites, ou perda do direito de voto conferido por essas acções, ou ainda de nulidade de tais aquisições ou subscrições, nos termos que forem determinados.

Comentário

1. *Aplicação às diversas espécies de reprivatização*
2. *A "ratio" do recurso a um decreto-lei específico de cada reprivatização*
3. *Menções gerais e especificas do decreto-lei da reprivatização*
4. *Seu sentido e alcance*
5. *A limitação da percentagem de capital adquirível: âmbito de aplicação*
6. *A aplicação da limitação a anteriores accionistas de sociedades mistas*
7. *Regime da redução da proposta à percentagem máxima adquirível*
8. *A proeminência dos princípios comunitários na revogação do nº 3 do art. 13º*
9. *A imputação ao adquirente de acções adquiridas por interposta pessoa*

nº 1

1. Apesar de literalmente posto apenas para o caso de *reprivatização da titularidade de sociedades anónimas* – porque só se remete nele para o art. 4º/1 e portanto só para esse caso valeria a "encomenda" deste art. 13º –, o certo é que há aí normas que são para aplicar (adaptadamente, já se vê) também aos casos de reprivatização da *titularidade de bens* (por analogia) e aos casos de reprivatização *do direito de exploração de empresas ou de bens nacionalizados* (art. 26º).

É verdade que, neste último, respeitante à reprivatização desses direitos de exploraçã, não se contém qualquer remissão para o presente art. 13º, o que – remetendo ele (o art. 26º) expressamente para outros preceitos intimamente ligados aos do art. 13º, como os arts. 4º e 6º – poderia causar alguma perplexidade ao intérprete, se não se desse o caso, tantos foram os lapsos que nela já detectámos, de estarmos prevenidos contra a falta de cuidado literal e sistemático da Lei-Quadro.

Falta aqui renovada, até porque, a entender-se não ser a disciplina deste art. 13º adaptadamente aplicável à reprivatização do direito de exploração, isso significaria que no correspondente decreto-lei – que esse, naturalmente (como a remissão do art. 26º para o art. 4º revela) também existe aqui – não se disporia sobre as modalidades e fases da respectiva operação nem teria que fundamentar-se uma eventual opção pelas modalidades excepcionais de concurso limitado ou de ajuste directo, também aqui aplicáveis (como o confronto entre os n.os 1 e 2 desse art. 26º revela).

Enfim, um absurdo.

O decreto-lei de reprivatização é necessário, como se compreende, em todos os casos em que haja lugar a uma operação dessas, eventualmente até para cada uma das suas fases – não só portanto quando se trate da reprivatização da titularidade (ou do direito de exploração) de empresas públicas, mas também quando estejam em causa sociedades anónimas ou então "simples" bens que não constituam meios de produção (para usar a terminologia da lei, no seu art. 1º, e da Constituição, no respectivo art. 293º) –, porque em todos esses casos há que "aprovar" o processo de alienação e fixar as respectivas condições e em todos, também, há-de conter-se, ainda que adaptadamente, as menções deste nº 1 e do subsequente nº 2, além das demais dispersas pela Lei-Quadro (como sucede, por exemplo, com as do art. 6º/4 e do art. 7º/1).

Entende-se portanto que as exigências de unidade e coerência da lei não consentem esse entendimento, sendo óbvio que para situações perfeitamente iguais o legislador há-de pôr soluções iguais também – como aliás a remissão daqui, nomeadamente, para o art. 6º revela – devendo então, também nesses casos, o decreto-lei de reprivatização conter as menções deste art. 13º, dos seus n.ºs 1 e 2, bem como as restantes que se encontrarem dispersas pela Lei-Quadro e que, por natureza, não forem específicas do objecto de operações de reprivatização (do capital) de sociedades anónimas.

2. A exigência de que a determinação do processo de alienação e das fases e modalidades da respectiva operação, além de algumas das suas condições especiais básicas, conste de decreto-lei – os respectivos desenvolvimento ou especificidades constarão do caderno de encargos (aprovado por resolução do Conselho de Ministros), como o sugerem os arts. 7º, 8º e 14º – compreende-se por se consolidar assim num corpo de normas de grau hierárquico superior os termos e condições que devam ser observados no desenrolar e conclusão dessa operação e que, sob pena de invalidade, não podem ser aí preteridos.

Além de que, desse modo, se, por um lado se sujeita a opção governamental à necessidade de promulgação, por outro lado, furta-se (ou pretende furtar-se) o diploma à possibilidade de impugnação directa por potenciais interessados e de sua suspensão cautelar pelos tribunais, só se lhes permitindo que ponham em causa a sua conformidade com a lei de bases ou a Constituição, incidentalmente, no termo da operação de reprivatização ou a propósito de um qualquer acto do respectivo procedimento que lese concretamente interesses de alguém.

3. Do decreto-lei de reprivatização, além de menções específicas de cada espécie de operação ou de procedimento, constarão não apenas as menções deste nº 1 (e do nº 2) do presente art. 13º, mas também necessariamente outras – sob pena ou de invalidade da operação e da adjudicação ou de inaplicabilidade da respectiva menção ou condição –, como tudo a seguir se discrimina:

i) a transformação, quando for caso disso, da empresa pública em sociedade anónima (art. 4º/1) e a aprovação dos estatutos desta ou, no caso de reprivatização de tais sociedades, apenas a aprovação da "lei" estatutária delas (art. 4º/2), como em comentário a esses preceitos assinalámos;

ii) a determinação da modalidade procedimental a adoptar, qualquer que ela seja, e, no caso de se tratar de concurso limitado por escolha administrativa ou de venda directa, os fundamentos dessa opção (art. 13º/1);

iii) a indicação, no caso de se optar por um concurso público – e, ao que parece, já não no caso da venda directa (art. 8º/2) –, de que do processo documental do procedimento consta um caderno de encargos, de acordo com o que vimos em comentário ao art. 7º/1;

iv) a indicação, em caso de concurso público, de todas as condições exigidas aos concorrentes (a ser verdadeira a tese que considerámos menos correcta na interpretação do art. 7º/1);

v) se se pretender que os títulos adquiridos por concurso limitado ou venda directa se mantenham intransmissíveis durante determinado período, a indicação disso mesmo (inclusive, a duração desse período) também há-de constar do decreto-lei (art. 6º/4);

vi) se a aquisição de acções da reprivatização por pequenos subscritores e por trabalhadores da sociedade a reprivatizar (ou de outras que com ela estejam em relação de grupo ou de domínio – art. 12º/5) beneficiar de condições especiais, hão-de constar igualmente do decreto-lei da reprivatização não apenas a indicação dessas condições, mas também a do período de indisponibilidade dos títulos por eles adquiridos (art. 13º/1);

vii) se se pretender que ninguém possa adquirir, na operação de reprivatização, mais do que uma determinada percentagem do capital da sociedade (ou do bem) em questão, far-se-á menção disso mesmo (incluindo da percentagem máxima adquirível) e da cominação da redução da proposta a essa percentagem no caso de ela a exceder (art. 13º/2), assinalando-se no subsequente comentário nº 6 as modalidades procedimentais a que a norma pode aplicar-se.

4. O sentido ou alcance de algumas das menções constantes das alíneas anteriores, que devem ou podem ser incluídas no decreto-lei da reprivatização, não se alcança à primeira vista.

Assim:

i) quanto à alínea *i)* desse comentário, o alcance que lhe atribuímos está de acordo com o entendimento que se manifestou a propósito do alcance dos n.os 1 e 2 do art. 4º;

ii) quanto à alínea *ii)*, em relação à indicação dos fundamentos da modalidade por que se optou – que, sob pena de ilegalidade reforçada (arts. 204º, 280º e 281º da CRP) devem ser concretos e suficientes (não meramente conclusivos) e tirados por referência aos pressupostos genéricos do corpo do nº 3 do art. 6º –, entende-se que ela não é de aplicação (nem faria sentido que o fosse) no caso de se optar pela realização de um concurso público, sendo aliás, a respectiva menção no art. 6º/4 (para o qual este art. 13º/1 também remete) manifestamente errónea;

iii) é duvidoso, como já referimos em comentário ao art. 8º/2, se as condições objectivas da venda directa – e não apenas a indicação, no caso do concurso público, das condições subjectivas de acesso (art. 7º/1) – devem vir referidas ou no decreto-lei da reprivatização ou no respectivo caderno de encargos, embora como acima se viu, esta segunda opção pareça mais verosímil;

iv) não se incluiu na alínea *iv)* do comentário anterior a menção à modalidade do concurso público, por ser manifestamente errónea, do ponto de vista literário e jurídico, a referência que se lhe faz no art. 6º/4 – a qual, como se disse, já vem, pelo menos, da redacção inicial da Lei nº 11/90;

v) no caso de se reconhecer aos pequenos subscritores e aos trabalhadores da sociedade a reprivatizar o direito à aquisição ou subscrição de acções em condições especiais, as menções obrigatórias do decreto-lei da reprivatização respeitam apenas à indicação dessas condições e ao período de indisponibilidade das respectivas acções, não já às implicações jurídicas dessa indisponibilidade (descritas no art. 11º e no art. 12º/2), se bem que nada obste à sua indicação facultativa aí.

nº 2

5. Já se disse no anterior comentário nº 3 que do decreto-lei da reprivatização pode constar a proibição de qualquer entidade, singular ou colectiva, adquirir ou subscrever mais do que uma percentagem do capital a reprivatizar, "*sob pena de redução da respectiva proposta à percentagem aí prevista*" - disposição que deve considerar-se extensível, adaptadamente, claro, às operações cujo objecto consiste em bens ou activos (no caso de eles serem física e funcionalmente divisíveis, naturalmente).

Ou, até, quando se trate da reprivatização do direito de exploração, se a reprivatização do mesmo se fizer através de uma sociedade criada para esses efeitos e com esse objecto, como já aventámos ser possível.

Por outro lado, a medida prevista neste nº 2 é especialmente adequada àqueles casos em que a operação de reprivatização se realiza através de uma oferta pública de venda, é certo, mas não se exclui a possibilidade de sua utilização nos casos de concurso público ou limitado, nem mesmo nos casos de venda ou ajuste directo, se para este for convidada mais do que uma entidade.

6. Questão é saber se, naqueles casos em que se reprivatiza a parte pública maioritária do capital de uma sociedade mista, a posição dos respectivos accionistas particulares, para efeitos deste nº 2, deve ser aferida apenas em função da percentagem de acções a cuja aquisição ou subscrição eles agora concorrem ou se a percentagem de capital que já detinham se adiciona a esta última, só lhes permitindo adquirir ou subscrever a "parte sobrante", digamos assim, de modo a que, na globalidade, eles passem a deter não mais do que a percentagem máxima fixada no decreto-lei da reprivatização.

Estranho é, desde logo, o facto de o legislador não ter contemplado a hipótese – talvez porque ela só pudesse funcionar nos casos em que se sabe quem são os accionistas existentes e que percentagem de capital já possuem, embora isso revele uma falta legiferante tecnicamente censurável porque, mesmo não sendo a hipótese única, ela é verosímil e, até, de ocorrência frequente.

De qualquer modo, é natural que nos interroguemos sobre se esse seu silêncio tem algum significado hermenêutico, questão à qual respondemos negativamente, por nos parecer tratar-se de uma verdadeira lacuna de previsão.

Quanto à solução da questão suscitada em relação à percentagem de capital adquirível nestes casos por accionistas da empresa mista a reprivatizar, no pressuposto de que são conhecidos e que se sabe qual é a percentagem de capital que detêm – caso contrário, a hipótese não merece sequer consideração –, além de se tratar de uma restrição que pode interferir no valor de mercado da empresa, pode frustrar expectativas, tão frequentes nestes casos, de quem adquire inicialmente quantidades relevantes de acções de sociedades (por hipótese, em fases preliminares de operações de reprivatização) na esperança de futuramente poder reforçar a sua posição societária, devendo, sob esse ponto de vista, além do mais, ser escrutinada não apenas à luz do art. 107º e seguintes do TFUE, mas também do *Memorando de Entendimento sobre as Condicionalidades da Política Económica*.

7. A redução da proposta de aquisição à percentagem máxima de capital da sociedade (ou a uma parte do bem a reprivatizar) pressupõe que tal redução possa fazer-se com recurso a critérios de proporcionalidade matemática, devendo, caso contrário, considerar-se a mesma inadmissível – e a proposta ser consequentemente excluída.

Por outro lado, não se preclude o efeito redutor, note-se, pelo facto de hipoteticamente o quantitativo de preço oferecido por acção ser função da aquisição de uma percentagem maior do que a permitida – isto é, por tal aquisição proporcionar mais vantagem do que a aquisição de uma percentagem menor de capital –, recaindo o dano daí eventualmente resultante sobre aquele que desrespeitou, na sua proposta, as condições de aquisição.

Assinala-se ainda que o facto de porventura, no processo de alienação das acções, não se conseguir colocar a totalidade daquelas que foram postas à venda não significa que se possa prescindir do dever (vinculado) de reduzir as propostas de aquisição de percentagens maiores do que a permitida – isso, em virtude da tutela de confiança daqueles que se candidataram à operação dentro dos limites estabelecidos e que contavam certamente com a existência de um determinado equilíbrio accionista na sociedade reprivatizada.

Em relação às acções sobrantes, o que há a fazer, quanto muito, é abrir um novo procedimento para sua colocação junto dos interessados.

nº 3

8. A revogação do anterior nº 3 do art. 13º – sobre a eventual limitação do número de acções a adquirir ou a deter, individual ou conjuntamente, por entidades estrangeiras – deve-se à sua contradição com as regras da livre circulação de pessoas e de capitais decorrentes dos arts. 49º e ss. e 63º e ss. do TFUE.

nº 4

9. A determinação da percentagem de capital que cada entidade pretende adquirir ou subscrever na operação de reprivatização, para efeitos de aplicação da proibição do nº 2, é função não apenas da sua própria proposta, mas também daquelas a que "concorrem" pessoas que com ela estejam numa qualquer das relações ou situações que, de acordo com o disposto nas 9 alíneas do art. 20º do Código dos Valores Mobiliários, determinam a imputação de direitos de voto nominalmente referidos a certas pessoas a outras a quem eles devem considerar-se efectiva e materialmente pertencentes.

ARTIGO 14º
Competência do Conselho de Ministros

Cabe ao Conselho de Ministros aprovar, por resolução, de acordo com a lei, as condições finais e concretas das operações a realizar em cada processo de reprivatização.

Comentário

1. *O objecto da competência do Conselho de Ministros: as teses admissíveis*
2. *Os parâmetros e a sanção da invalidade da resolução do Conselho de Ministros de acordo com as teses admissíveis.*

1. A redacção do art. 14º permaneceu inalterada, não sendo inequívoco porém o que com ele se quis determinar.

Poderia entender-se, por um lado, que se tratava de imputar subjectivamente ao Conselho de Ministros a competência para a elaboração ou aprovação dos cadernos de encargos a que se referem outras disposições da Lei-Quadro (como os arts. 7º/1 e 8º/2) e teríamos, assim, caber-lhe a fixação da disciplina regulamentar específica do processo de reprivatização – para além das menções, condições e termos seus que (de acordo com os arts. 4º, 6º, 7º, 8º, 13º, 25º e 26º) são da reserva da competência legislativa do respectivo legislador – que é ele próprio também, o Conselho de Ministros, em diferentes vestes, contudo.

No essencial, tratar-se-ia da aprovação do (programa do concurso da modalidade procedimental que se tenha adoptado e do) caderno de encargos com o clausulado relativo à alienação a proceder, aos direitos e obrigações a que a entidade alienante e o ou os adquirentes ficarão vinculados por força da operação de reprivatização – isto no pressuposto, que assumimos em comentário aos arts. 7º e 8º, de que o caderno de encargos dessa operação não constava do decreto-lei de reprivatização (só a indicação da sua existência).

Mas podemos também, porque se trata de interpretação com razoável correspondência na letra da lei (e no seu espírito também, diga-se), entender que a competência aqui conferida ao Conselho de Ministros respeitaria antes à aprovação dos termos ou cláusulas finais e concretas em que se traduz o acto ou contrato constitutivo da transferência do capital ou do bem a reprivatizar para o seu adquirente e, portanto, também das decisões (de adjudicação) que os antecedem e de onde tais condições ou atributos já devem constar.

A utilização do conceito "*condições finais e* ***concretas***" levar-nos-ia a pensar ser esta a leitura correcta da disposição legal, mas a verdade é que as matérias relativas à decisão de adjudicação, à escolha do adquirente e às condições a observar na alienação de acções em concurso público ou venda directa – as únicas modalidades com regulação específica na Lei-Quadro – já estavam cometidas ao Conselho de Ministros nos arts. 7º/2 e 8º/3, pelo que então estaríamos aqui perante uma nova formulação sua, praticamente redundante.

2. As condições finais e concretas da reprivatização, a estabelecer na resolução do Conselho de Ministros prevista no art. 14º, se o seu sentido fosse o de que se trata aí de aprovar o caderno de encargos (e o programa do concurso), teriam de ser conformes com as disposições da Constituição, desta Lei-Quadro e, secundariamente, com as do decreto-lei de reprivatização, bem como, no que não se disponha em qualquer um desses diplomas, com os princípios gerais da contratação pública.

Designadamente, com os da *igualdade*, da *concorrência* e da *transparência*, considerados essenciais no art. 1º/4 do Código dos Contratos Públicos, aprovado pelo Decreto-Lei nº 18/2008, de 29 de Janeiro.

A contradição das disposições constantes da referida resolução (ou das disposições de outros documentos por ela aprovados) com as dessas fontes que a precedem e preferem no ordenamento jurídico é causa de sua invalidade por *inconstitucionalidade* ou *ilegalidade reforçada*, no caso de violação de normas constitucionais ou desta Lei-Quadro (de valor reforçado) - violação essa impugnável pelos interessados através do pedido de desaplicação da norma em qualquer tribunal ou em via de recurso para o Tribunal Constitucional, através do processo de fiscalização concreta do art. 280º da CRP.

Ou então é causa de *ilegalidade simples* - no caso de violação do decreto-lei de reprivatização ou de princípios gerais do direito da contratação pública -, sendo tal ilegalidade cognoscível em tribunal administrativo, seja por via do processo abstracto de impugnação de normas (art. 72º e ss. do CPTA) ou do processo concreto de impugnação da validade de actos ou de contratos de aplicação de normas regulamentares ilegais (art. 52º e ss., *ibidem*), não se aplicando aqui portanto o meio processual urgente dos arts. 100º e ss. desse mesmo Código, restrito que é aos contratos aí referidos, embora bem se justificasse, dada a natureza e importância do procedimento de reprivatização, que se criasse um processo judicial urgente para apreciação das suas eventuais ilegalidades.

Se, pelo contrário, se entender que o objecto da resolução do Conselho de Ministros aqui em causa é, não a aprovação do caderno de encargos, mas a decisão de adjudicação, digamos assim, nas suas vertentes subjectiva e objectiva, então, como acto administrativo, ela estaria sujeita a todo o *bloco de legalidade* aplicável, a todo o *complexo normativo* regulador desta matéria, desde o solene art. 293º da CRP até à mais comezinha disposição do caderno de encargos e seus anexos, passando por todos os restantes diplomas e documentos referidos nos parágrafos anteriores.

ARTIGO 15º
Administrador por parte do Estado e acções privilegiadas

(Revogado)

Nota:

- O art. 15º dispunha

1 - A título excepcional, e sempre que razões de interesse nacional o requeiram, o diploma que aprovar os estatutos da empresa a reprivatizar poderá prever, para garantia do interesse público, que as deliberações respeitantes a determinadas matérias fiquem condicionadas a confirmação por um administrador nomeado pelo Estado.

2 - Para efeitos do disposto no número anterior, o diploma referido deve identificar as matérias em causa, bem como o regime de exercício das competências do administrador nomeado pelo Estado.

3 - Poderá ainda o diploma referido no nº 1 do artigo 4º, e também a título excepcional, sempre que razões de interesse nacional o requeiram, prever a existência de acções privilegiadas, destinadas a permanecer na titularidade do Estado, as quais, independentemente do seu número, concederão direito de veto quanto às alterações do pacto social e outras deliberações respeitantes a determinadas matérias, devidamente tipificadas nos mesmos estatutos.

Comentário

1. *A revogação do art. 15º da Lei nº 11/90: o termo da participação privilegiada do Estado no governo da sociedade reprivatizada*
2. *As condições societárias da detenção de acções privilegiadas pelo Estado*

1. A revogação do art. 15º, por efeito do disposto no art. 3º, *alínea f)*, da Lei nº 50/2011, de 13 de Setembro, em termos análogos à que ocorreu com o art. 10º, eliminou a possibilidade de o Estado intervir directamente nas sociedades (re)privatizadas, ou por intermédio de um administrador - com eventual poder de confirmação ou reprovação de deliberações do respectivo órgão de gestão (nº 1) – ou pela auto-atribuição das chamadas *golden shares*, das quais teve de abdicar na sequência dos acórdãos do Tribunal de Justiça, de 8 de Julho de 2010 e de 11 de Novembro de 2010, proferidos respectivamente nos processos C-171/08 e C-543/08, ambos contra Portugal e a favor do entendimento por que pugnara a Comissão.

O compromisso de eliminar tais direitos e de respeitar o direito comunitário nesta matéria foi também assumido com a *troika*, no *Memorando de Entendimento sobre as Condicionalidades da Política Económica*.

2. A revogação do art. 15º não impede, só por si, que o Estado venha a deter, directa ou indirectamente, acções privilegiadas nas sociedades reprivatizadas em que participe, mas trata-se de algo completamente diverso da figura da auto-reserva de *golden shares*.

Na realidade, o que o direito da União Europeia condena é a instituição de tais direitos especiais através de "medidas estatais", como é o caso dos diplomas que aprovam os estatutos das empresas a reprivatizar. De ora em diante, e salvo em circunstâncias excepcionalíssimas, o Estado só poderá deter acções privilegiadas em conformidade com o disposto na lei societária – isto é, se existir previsão estatutária nesse sentido aprovada por uma maioria qualificada (de dois terços) de accionistas privados, devendo os direitos especiais ser atribuídos a categorias de acções, nos termos dos n.os 1 e 4 do art. 24º do Código das Sociedades Comerciais.

Tais acções deixam assim de poder ser atribuídas *intuitu personae* – ou então de serem privilegiadas por pertencerem a determinado sócio, o Estado –, passando a estar sujeitos a um regime legal único: o estabelecido no art. 24º da lei societária portuguesa, em 1986, com a aprovação e entrada em vigor do Código das Sociedades Comerciais.

A atribuição e configuração dos referidos direitos especiais, a ocorrer no futuro, não pode, assim, resultar do próprio diploma da reprivatização ou dos estatutos por ele aprovados, mas apenas, depois de concluída a reprivatização, mediante deliberação dos accionistas em assembleia geral, desde que reunida uma maioria qualificada de 2/3 dos votos (cfr. arts. 383º, nº 2 e 386º, nº 3 do CSC).

ARTIGO 16º
Destino das receitas obtidas

As receitas do Estado provenientes das reprivatizações serão exclusivamente utilizadas, separada ou conjuntamente, para:

a) Amortização da dívida pública;
b) Amortização da dívida do sector empresarial do Estado;
c) Serviço da dívida resultante de nacionalizações;
d) Novas aplicações de capital no sector produtivo.

Comentário

1. *O enquadramento e contexto programático da norma*
2. *A amplitude e adequabilidade dos respectivos fins*
3. *A relevância jurídica das finalidades das receitas de cada operação*

1. O preceito corresponde quase *ipsis verbis*, mesmo se com diferente organização, ao da alínea *b)* do art. 293º/1 da Constituição, ressalvando-se o facto de ela se referir às "*receitas do Estado*" enquanto na disposição constitucional se fala das "*receitas obtidas com as reprivatizações*", sem especificação do seu titular - divergência que não tem qualquer relevo, até porque a única hipótese de tais receitas terem outro destino, em função dos bens a reprivatizar, está contemplada no subsequente art. 17º.

Tem a norma um sentido programático relevante ao fixar legalmente os destinos possíveis das receitas auferidas com os processos de reprivatização, vinculando os respectivos decisores, em módulo quase que auto-limitativo, a fins que se consideram social e politicamente aceitáveis.

Assume ela, além disso, particular relevo prático num contexto em que a realização de uma nova onda de reprivatizações resulta também da necessidade de assegurar uma redução significativa do endividamento público motivada pelo acordo estabelecido no plano de resgate do Estado Português, celebrado com a Comissão Europeia, o Banco Central Europeu e o Fundo Monetário Internacional.

2. Quanto aos fins admitidos, nada de muito relevante há a comentar, até porque a abrangência com que são apresentados e designadamente a amplitude da referência contida na alínea *d)* permite afinal que estas receitas possam ser utilizadas com significativa amplitude de propósitos.

Poderia o legislador ter densificado nesta sede a previsão constitucional, inevitavelmente mais abstracta, mas compreende-se a opção pela referência programática sem maiores especificações para não retirar ao legislador/governante, em cada processo de reprivatização, uma margem de discricionariedade na respectiva actuação em função das circunstâncias do caso concreto e das imposições do tempo em que cada reprivatização ocorre – neste sentido, anote-se que os destinos das receitas consagrados neste artigo estão até adaptados às exigências de momentos mais excepcionais, como os constantes de um programa de resgate do Estado Português.

Dos destinos a que podem ir consignadas as receitas (líquidas, repete-se) das reprivatizações – que são exclusivamente os deste art. 16º e do art. 17º –, destacamos o da amortização da dívida do sector empresarial do Estado, que aparece a par do respeitante à amortização da sua própria dívida.

Justifica-se esse destaque pelo facto de a afectação de receitas à amortização da dívida do sector empresarial parecer só ser legalmente legítima no caso das reprivatizações do Estado, já não no caso das reprivatizações "regionais", o que poderia justificar-se pelo receio que o legislador ordinário tenha tido de que essa hipótese já não estivesse coberta pela alínea *b)* do art. 293º da Constituição – que se refere exclusivamente à "*amortização da dívida do sector empresarial do Estado* –, embora seja óbvio que também não pensou na possibilidade de aquelas receitas poderem pertencer à Região, como afinal o subsequente art. 17º reconhece.

Encontram-se mais desenvolvimentos na matéria em comentário ao subsequente art. 17º.

3. A determinação dos fins a que as receitas de cada operação de reprivatização serão votadas, quando feita *ex post* – porque não é obrigatória a sua menção no próprio decreto-lei da reprivatização, mas apenas no orçamento do ano a que respeitam (cf. comentários ao art. 18º) –, não tem, em princípio e porventura em virtude do cunho programático a que atrás aludimos, relevo jurídico em sede de (in)validade, cingindo-se o mesmo a uma eventual censura do Tribunal de Contas no parecer a emitir, nos termos da alínea *a)* do art. 214º/2 da CRP, sobre a Conta Geral do Estado e por poder constituir uma infracção financeira sancionada na alínea *j)* do art. 65º da Lei nº 98/97 (de 26 de Agosto), a Lei de Organização e Processo no Tribunal de Contas.

Quando, porém, no diploma da reprivatização se indicar a finalidade a que se destinarão as receitas provenientes da operação e ela (finalidade) porventura não se reconduzir a qualquer uma das mencionadas neste art. 16º (e, consequentemente, naquele preceito constitucional) – se se afectarem tais receitas, por exemplo, à aquisição da chamada "colecção Berardo" ou, directamente, a pagar o preço de uma determinada obra não relacionada com o sector produtivo –, deve tal decreto-lei considerar-se ferido de inconstitucionalidade material, exigindo-se por isso a sua alteração nesse aspecto, ainda que posteriormente ao decurso da operação, aplicando-se os dinheiros recebidos na finalidade agora escolhida validamente, sob pena da prática de infracção financeira, como acima se referiu.

A igual infracção e sanção fica sujeita a aplicação das receitas da operação de reprivatização à finalidade inconstitucional e ilegal constante do respectivo decreto-lei.

ARTIGO 17º
Empresas públicas regionais

1 – A reprivatização de empresas públicas com sede e actividade principal nas Regiões Autónomas da Madeira e dos Açores revestir-se-á da forma estabelecida no artigo 4º, mediante a iniciativa e com o parecer favorável do respectivo governo regional.

2 – Para efeitos do número anterior, e durante o respectivo processo de reprivatização, a comissão definida no artigo 20º, caso exista, será integrada por um representante da respectiva região autónoma, proposto pelo Governo Regional e nomeado por despacho do Primeiro-Ministro.

3 – O produto das receitas provenientes das reprivatizações referidas no nº 1 será exclusivamente aplicado na amortização da dívida pública regional e em novas aplicações de capital no sector produtivo regional.

Comentário

1. *Âmbito de aplicação: a reprivatização de empresas públicas das Regiões Autónomas*
2. *O procedimento legislativo da decisão de reprivatização "regional"*
3. *Âmbito de aplicação das normas da Lei aos processos de reprivatização regional*
4. *As comissões de acompanhamento das reprivatizações regionais*
5. *O destino das receitas das reprivatizações regionais: esclarecimentos*

nº 1

1. A presente norma, como todo o diploma, de resto, respeita a meios de produção e outros bens nacionalizados (pós-25 de Abril de 1974) – isto é, cuja titularidade foi então reclamada (pelo) e outorgada ao Estado –, embora as fórmulas da lei nada mais esclareçam quanto a tratar-se aqui de (bens ou) empresas cuja titularidade porventura ainda lhe pertence ou se estamos antes perante empresas públicas "regionais", perante meios de produção (ou outros bens) cuja titularidade haja sido transferida para uma Região Autónoma.

É que o facto de a sede e a actividade principal de uma empresa pública se localizarem em território das Regiões Autónomas não significa legalmente que se trate de uma empresa regional.

Apesar de ser tão fácil esclarecer essa dúvida - bastando, por exemplo, que a lei se referisse à titularidade da empresa ou bens em causa, e não (apenas) à localização da sua sede e actividade principal -, como ela não o fez, seria legítimo que se hesitasse sobre se a referência apenas a essa localização regional (mas não àquela sua titularidade) não significa mesmo que se está a falar de empresas públicas estatais lá situadas.

Interpretação que o facto de a decisão de reprivatização pertencer ao Governo da República reforçaria, mas que só seria decisivo se houvesse algo - para além da origem da sua apropriação pública - de onde resultasse que as decisões sobre a reprivatização de bens só podem ser tomadas pela entidade a quem as mesmas pertencem. Inversamente, guardar-se para os órgãos da Região a iniciativa do processo de reprivatização, tornar a respectiva validade e sequência dependente de parecer favorável seu sobre o respectivo modelo e atribuir-lhes toda a receita obtida são indícios que apontam para a restrição da figura à reprivatização de empresas e bens regionais.

E foi neste sentido que o legislador da Lei nº 11/90 resolveu a dúvida, mas, resolveu-a apenas, note-se, na epígrafe da norma, quando se referiu às "*[e]mpresas públicas regionais*", sem se dar ao cuidado, como se impunha, de repetir o conceito na sua parte dispositiva.

O âmbito de aplicação da presente norma da Lei nº 11/90 cinge-se assim à reprivatização da titularidade ou do direito de exploração de empresas públicas regionais, e não necessariamente a todas as empresas públicas que tenham a sua "*sede e actividade principal nas Regiões Autónomas*".

2. A decisão de reprivatizar deve verter-se, também neste caso, num decreto-lei de autoria governamental, como manda o nº 1 por remissão para a "*forma estabelecida no artigo 4º*", embora sujeite a sua emissão à "*iniciativa e* [ao] *parecer favorável do respectivo governo regional*" – furtando-se, assim, aos órgãos das Regiões Autónomas, o poder de decidir sobre o retorno ao sector privado de empresas e bens que hajam sido nacionalizados, o que significa, no bom rigor da lógica e da teleologia do sistema, que também não lhes seria dado decidirem, em *fraude à lei*, sobre a respectiva (dissolução e) venda no mercado.

Além da iniciativa formal do processo de reprivatização, cabe também ao governo regional emitir "*parecer favorável*" ao projecto do decreto-lei da reprivatização – e decidir dos fins ou destinos a que hão-de ser aplicadas as receitas da reprivatização, vertida depois pelo Governo da República no respectivo decreto-lei – pelo que, tudo ponderado, a reprivatização das empresas e bens pertencentes às Regiões Autónomas não se fará sem elas a quererem e sem quererem o processo e a modalidade constantes do projecto de decreto-lei que o Governo da República lhes apresentar quanto ao desenrolar da respectiva operação, nomeadamente quanto aos estatutos da sociedade reprivatizada, quanto à modalidade procedimental a adoptar, quanto às condições de acesso a concurso público, quanto aos benefícios a conceder aos trabalhadores e pequenos subscritores e suas condicionantes.

Só ficaria então na "disponibilidade" do governo da República, de acordo com a repartição de tarefas e competências dos anteriores arts. 4º, 6º, 7º, 8º e 13º, a elaboração do (programa do procedimento e do) caderno de encargos da reprivatização, sendo porém verdade que, sem a sua vontade, manifestada na emissão do decreto-lei da reprivatização, também não se fará qualquer operação "regional" dessas.

3. Mandando o nº 1 deste art. 17º que a reprivatização de empresas e bens das Regiões Autónomas – nacionalizados após 25 de Abril de 1974, nos termos que ficaram referidos em comentário aos arts. 1º e 2º – "*[revista] a forma estabelecida no art. 4º*", dizendo isso, o legislador está a dizer menos do que queria, pois efectivamente às decisões, aos processos e aos procedimentos de reprivatizações "regionais" aplicam-se (adaptadamente, se necessário) as normas dos arts. 4º, 6º, 7º, 8º, 13º, 16º, 18º e 19º da Lei.

Não apenas em matéria de forma, mas de conteúdo também.

O que significa que o legislador devia ter incluído aqui, para a reprivatização de empresas e bens regionais, uma norma que (com as excepções que entendesse) remetesse para a disciplina fixada quanto à reprivatização de empresas e bens estatais, à semelhança do que fez nos arts. 25º e 26º, a propósito da aplicação das normas postas na lei para a reprivatização da titularidade de empresas públicas aos processos, primeiro, de reprivatização de empresas nacionalizadas que não tenham o estatuto de empresas públicas e, segundo, de reprivatização do direito de sua exploração.

Não estando na letra do art. 17º/1, está contudo no seu espírito a aplicação das normas materiais ou de substância dos referidos arts. 4º, 6º, 7º, 8º, 13º, 16º, 18º, 19º e 25º à reprivatização de empresas públicas regionais, ficando apenas a dúvida sobre se a norma de competência do art. 14º – relativa à aprovação pelo Conselho de Ministros das "*condições finais e concretas das operações a realizar*", sobre cujo significado nos pronunciámos em comentário ao art. 14º – também se aplica às reprivatizações açoreanas e madeirenses ou se, nestes casos, essa aprovação deve constar de resolução do Governo Regional.

O silêncio da lei, a que acresce aqui a analogia com a solução do art. 17º/2 – que reserva para o Primeiro-Ministro a competência para designar os membros das comissões especiais de acompanhamento dos processos de reprivatização de empresas públicas regionais, não a deferindo ao presidente do governo regional –, leva-nos a propender no sentido de que é também ao Conselho de Ministros que compete aprovar as "*condições finais e concretas*" das reprivatizações regionais.

nº 2

4. Se o Governo tiver considerado conveniente que a operação de reprivatização regional seja acompanhada pela comissão especial a que se refere o art. 20º – opção que já não depende de iniciativa ou parecer favorável do governo regional –, a mesma será integrada não apenas pelos membros propostos pelo Ministro das Finanças, nos termos do nº 6 do art. 20º, mas também por um representante da respectiva região nomeado, como os seus pares, por despacho do Primeiro-Ministro (perfazendo um número ímpar de membros), mas sob proposta do governo regional.

O representante da Região na comissão não tem mais ou menos poderes que os restantes membros seus, a não ser, naturalmente, que tenha sido designado ou cooptado como presidente da mesma, entendendo-se que o facto de vir qualificado como "*representante*" da Região não significa que a sua escolha possa pautar-se por outros critérios que não sejam os (critérios técnicos) do nº 4 do art. 20º, ainda que a sua contribuição para a multidisciplinaridade da comissão possa ter a ver com o maior conhecimento das necessidades e dos problemas específicos da região.

nº 3

5. As receitas provenientes da reprivatização de empresas ou bens regionais, a acreditar na letra deste art. 17º/3, seriam exclusivamente aplicadas na amortização da dívida pública regional e em novas aplicações de capital no sector produtivo regional – quando constitucionalmente, se considerássemos a alínea *b)* do art. 293º/1 da CRP susceptível de interpretação extensiva, também o poderiam ser na amortização da dívida do sector empresarial da Região, o que nos parece de todo razoável, pois que, compreensivelmente, o subsequente nº 4 deste art. 17º também considera (sem qualquer habilitação constitucional específica) serem receitas da Região as das reprivatizações "regionais".

Não dispõe a lei se aplicação das referidas receitas é feita pelos órgãos da respectiva Região (ou pelo Governo da República), nem se o valor a aplicar é o da totalidade das receitas, em bruto, ou se é o seu valor deduzido das despesas do processo de reprivatização.

Quanto àquela primeira questão, respondemos-lhe no sentido de que compete aos órgãos regionais, nomeadamente ao seu governo, decidir do destino concreto das receitas obtidas, em conformidade com o que se tenha feito constar do orçamento da Região (art. 18º/1) e se tenha eventualmente vertido no decreto-lei da reprivatização que, nesse aspecto, é da lavra (mesmo se informal) dos órgãos da Região.

À segunda questão respondemos no sentido para que aponta o nº 2 desse mesmo art. 18º, isto é, o de que devem ser entregues à Região as receitas líquidas proporcionadas pela operação de reprivatização, deduzidas que sejam as despesas realizadas com o respectivo processo (das quais devem ser prestadas contas ao Governo Regional).

ARTIGO 18º
Inscrição orçamental

1 – O produto das receitas das reprivatizações, bem como a sua aplicação, terá expressão na lei do orçamento de cada ano.

2 – A expressão orçamental das receitas e das despesas resultantes das privatizações obedecerá às directivas da presente lei.

Comentário

1. *A orçamentação normal ou rectificada das receitas de reprivatizações*
2. *Inscrição de receitas e despesas*
3. *Directivas da Lei*

nº 1

1. A exigência legal de expressão no orçamento do Estado (ou de uma Região Autónoma) da receita de uma operação de reprivatização é feita, como os demais juízos orçamentais, na base de uma prognose sobre as receitas que ela vai proporcionar (e as despesas que, pensa-se, acarretará) e sobre as rubricas ou fins a que as mesmas vão ser afectas.

Suscita-se por isso o problema de saber se pode (e como deve) proceder-se orçamentalmente à inscrição de uma operação de reprivatização que só foi pensada e decidida no próprio ano em que a mesma se realiza e conclui.

A solução consistirá neste caso, em princípio, na elaboração e aprovação de um orçamento rectificativo que inscreva a receita em causa, não parecendo poder deduzir-se desta norma a imposição da necessidade absoluta da previsão antecipada dos processos de reprivatização a um ano de distância, com o que se retiraria aos decisores governamentais a liberdade de determinação da oportunidade de seu lançamento, cujos objectivos até poderiam sair frustrados pela necessidade de esperar um ano para incluir a operação de reprivatização no orçamento do ano seguinte, não sendo verosímil que o legislador quisesse prejudicar tão drasticamente um interesse essencial como esse e que, afinal, até pode ser acautelado, pelo menos, "rectificativamente".

Mesmo porque, segundo pensamos, a norma deste art. 18º serve essencialmente o propósito de permitir o escrutínio legal dos processos e, designadamente, do destino das receitas auferidas com os processos de reprivatização.

nº 2

2. Resulta deste nº 2 que a expressão orçamental da operação de reprivatização deve incluir separadamente o montante das receitas esperadas e das despesas previstas com cada processo de reprivatização, de modo a permitir o respectivo cálculo e análise de forma apropriada (por referência ao valor auferido já deduzido dos encargos incorridos com os processos de venda, das comissões pagas a entidades colocadoras, dos honorários e outros custos incorridos com processos de avaliação ou de montagem jurídica ou financeira destas operações).

3. Quanto às directivas da Lei, que devem presidir à expressão orçamental de receitas e despesas da reprivatização, temo-las essencialmente previstas nos artigos anteriores, designadamente por referência às utilizações possíveis das receitas auferidas no processo, as quais devem por isso ser objecto de inscrição contabilística específica e concreta que permita aferir do cumprimento dos comandos mais programáticos que o art. 16º da Lei-Quadro impõe de forma circunstanciada, não se admitindo, para tais efeitos, uma mera referência às finalidades abstractas constantes das suas várias alíneas.

ARTIGO 19º
Garantia dos direitos dos trabalhadores

Os trabalhadores das empresas objecto de reprivatização manterão no processo de reprivatização da respectiva empresa todos os direitos e obrigações de que sejam titulares.

Comentário

1. *Âmbito de aplicação da norma às várias espécies de reprivatização*
2. *Âmbito temporal de protecção da norma*

1. Suscitam-se dúvidas quanto a saber se a garantia da manutenção dos direitos e obrigações dos trabalhadores da empresa a reprivatizar – de todos esses direitos, patrimoniais ou não – vale apenas para a reprivatização da titularidade de empresas nacionalizadas depois de 25 de Abril de 1974 ou se também é extensiva:

- à reprivatização do direito de exploração de tais empresas
- aos trabalhadores afectos à administração e exploração de determinado bem.

A resposta que damos à primeira questão é afirmativa e não carece de mais explicações, até por a hipótese caber à vontade na letra da lei, que não distingue a este propósito entre reprivatização da titularidade ou do direito de exploração de empresas nacionalizadas.

À segunda questão respondemos negativamente, pois que o vínculo laboral desses trabalhadores estabelece-se com a entidade a quem cabe a administração do bem nacionalizado, e não com este mesmo, pelo que a sucessão do adquirente nessa posição contratual só se dará se tal se encontrar previsto no decreto-lei da reprivatização ou no respectivo caderno de encargos.

2. A norma deste art. 19º é reprodução literal da alínea *c)* do art. 293º/1 da CRP e deve ser lida, como é óbvio, não por referência à garantia ou manutenção de direitos e obrigações dos trabalhadores "*no processo de reprivatização*" (durante este), mas na empresa reprivatizada.

Como também é óbvio, a cessão *ope legis* da posição contratual dos trabalhadores da empresa a reprivatizar para a sociedade reprivatizada não preclude a possibilidade de, após a reprivatização, a nova administração desta encetar um processo de despedimento colectivo – salvo no caso de isso ir contra as disposições legais ou regulamentares da operação ou os compromissos nela assumidos pelos adquirentes.

ARTIGO 20º
Comissões especiais

1 – Em cada um dos processos de reprivatização, e sempre que o considere necessário para a prossecução dos objectivos fixados no artigo 3º da presente lei, pode ser constituída uma comissão especial para acompanhamento daqueles processos, que se extinguirá com o respectivo termo.

2 – As comissões especiais a que se refere a presente norma têm por incumbência apoiar tecnicamente o processo de reprivatização, de modo a garantir a plena observância dos princípios da transparência, do rigor, da isenção, da imparcialidade e da melhor defesa do interesse público.

3 – Compete às comissões especiais acompanhar o processo de reprivatização, independentemente da forma e procedimentos que venham a ser concretamente adoptados para a sua concretização, designadamente:

a) Fiscalizar a estrita observância dos princípios e regras consagrados na lei, bem como da rigorosa transparência do processo;
b) Elaborar os pareceres e relatórios que o Governo entenda necessários sobre as matérias relacionadas com o processo;

c) Verificar o cumprimento dos limites e regras estabelecidos no artigo 13º da presente lei;
d) Apreciar e submeter aos órgãos e entidades competentes quaisquer reclamações que lhes sejam submetidas;
e) Elaborar e publicar um relatório final das suas actividades.

4 – A escolha dos membros de cada comissão especial deve basear-se estritamente em critérios de competência, devidamente justificados, tendo em conta, designadamente, a experiência profissional ou académica em matéria económica, financeira e jurídica, garantindo a multidisciplinaridade da comissão.

5 – Os membros de cada comissão especial ficam vinculados ao dever de absoluto sigilo quanto a factos e informações relativos às empresas a que tenham acesso no exercício ou por força do exercício das suas funções.

6 – Os membros das comissões especiais são nomeados por despacho do Primeiro-Ministro, sob proposta do Ministro das Finanças, sendo o mesmo publicado, acompanhado da síntese curricular dos membros que as integram, no *Diário da República*.

7 – Os membros das comissões especiais têm direito a receber senhas de presença no montante de 10% do segundo nível da tabela remuneratória única dos trabalhadores que exercem funções públicas, acrescido de ajudas de custo, podendo cumular com a remuneração auferida no lugar de origem, caso assim seja determinado no despacho.

8 – Podem ser afectos às comissões especiais trabalhadores em funções públicas ou de outras entidades com recurso a mecanismos de mobilidade geral.

9 – Os pareceres e relatórios mencionados nas alíneas *b)* e *e)* do nº 3, bem como o despacho de nomeação e respectivas sínteses curriculares, são publicitados no sítio da Internet do Ministério das Finanças.

Nota:

O art. 20º da Lei nº 11/90 foi substancialmente alterado pela Lei nº 50/2011, destacando-se materialmente – os outros casos respeitam às fórmulas da lei – as alterações que se introduziram nos n.os 1 e 5 (hoje nº 6) da versão anterior, bem como a supressão do anterior nº 6 e a adição de 4 novas normas que ficaram a constituir os n.os 2, 7, 8 e 9.

– Dispunha-se nas referidas normas da Lei nº 11/90:

1. A Comissão de Acompanhamento das Reprivatizações é um órgão que tem por missão apoiar tecnicamente o Governo na prossecução dos objectivos estabelecidos no artigo 3º e dos princípios de transparência, rigor e isenção dos processos de reprivatização.

[..............]

5. Os membros da Comissão são nomeados por despacho do Primeiro-Ministro.

6. Os membros da comissão criada ao abrigo do artigo 10º da Lei nº 84/88, de 20 de Julho, que passa a denominar-se Comissão de Acompanhamento das Reprivatizações, mantêm-se em funções, independentemente de qualquer formalidade.

Comentário

1. *A decisão sobre a existência de CEA: natureza e competência*
2. *A afectação de cada comissão à "sua" reprivatização e o termo das suas funções*
3. *A natureza das funções das CEA: suas incumbências, objectivos e princípios de actuação*
4. *Aplicação às diversas espécies de reprivatizações*
5. *A especificação de poderes da CEA*
6. *Critérios de escolha dos membros das CEA: os cuidados da lei*
7. *Dever de sigilo dos membros das comissões: incidência e esclarecimentos*
8. *Nomeação dos membros: competência e formalidades*
9. *Indelegabilidade da competência*
10. *Remuneração dos membros das CEA*
11. *Preenchimento do cargo por recurso a instrumentos de mobilidade geral*
12. *Publicações*

nº 1

1. Ao contrário do que sucedia na vigência da redacção anterior da Lei, hoje, com a redacção da Lei nº 50/2011, os processos de reprivatização, cada um deles, só é acompanhado por uma comissão especial (de acompanhamento) se concretamente se entender ser isso necessário para que o ou os objectivos a que foi votada a operação sejam alcançados ou melhor alcançados - cabendo ambas as hipóteses na fórmula indeterminada da lei.

Trata-se de uma competência discricionária do Conselho de Ministros, essa de optar pela existência ou não de uma tal comissão - embora ela não lhe venha expressamente conferida (como o deveria ser), dada a estranha e omissa forma de o legislador se referir ao sujeito da respectiva oração - e que, nos termos do art. 14º, é exercida mediante resolução (melhor, na resolução que aprovar o caderno de encargos, o programa do procedimento ou neste mesmo), não havendo na lei, nem na lógica e sistematização do processo de reprivatização, algo que seja a apontar no sentido de que a previsão da existência de tal comissão deve ficar vazada logo no decreto-lei em que se prevê a realização da respectiva operação.

A única dúvida a tal propósito resultaria do facto de a Lei atribuir ao Primeiro Ministro, repetidamente (arts. 17º/2 e 20º/6), competência para nomear os membros destas comissões, o que, porém, não deixa até de ser sintomático quanto à falta de poderes seus para decidir da (in)existência da comissão - e reconhecê-lo consequentemente, em conformidade com outras indicações da Lei, ao Conselho de Ministros.

2. Este nº 1 inculca que, existindo elas, cada comissão não pode acompanhar mais do que uma operação de reprivatização, o que aliás se retira por confronto com a redacção desta mesma norma na versão anterior da Lei nº 11/90, segundo a qual existia um único órgão encarregado de acompanhar obrigatoriamente todas as operações de reprivatização, a denominada (no nº 1 do art. 20º dessa Lei) Comissão de Acompanhamento das Reprivatizações.

O actual carácter *ad hoc* de cada comissão determina, por isso, di-lo a própria lei neste nº 1, a sua extinção no termo do processo de reprivatização para que foi nomeada, não portanto após a apresentação do respectivo relatório final, de acordo com a alínea *e)* do nº 3 deste mesmo art. 20º, mas no termo do processo de reprivatização, podendo ser chamada a realizar outras diligências depois da apresentação do relatório.

nº 2

3. Define-se aqui como incumbência das comissões de acompanhamento a de apoiarem tecnicamente o processo de reprivatização respectivo, sendo necessário contudo conciliar a norma deste nº 2 com a do nº 1 – na qual se determina que a comissão se destina a assegurar a prossecução dos objectivos da operação, sem qualquer destaque desta ou daquela sua vertente – e com as restantes imposições deste mesmo nº 2, de que esse apoio técnico se destinaria a garantir, afinal, "*a plena observância dos princípios da transparência, do rigor, da isenção, da imparcialidade e da melhor defesa do interesse público*", numa mistura algo tumultuosa de atributos, poderes, finalidades, objectivos, princípios e parâmetros de actuação.

Não dispõem as comissões de acompanhamento, porém, para assegurar tudo isso, de competência que lhes permita intervir directamente nos processos e procedimentos de reprivatização respectivos, praticando, alterando ou revogando os actos necessários a uma sua sequência válida e eficiente, só lhes cabendo poderes e faculdades daqueles que, a título exemplificativo (ou indicativo), vêm enumerados no subsequente nº 3.

São estas comissões, assim, órgãos de apoio e assessoria técnica e jurídica do Primeiro-Ministro, dos ministros envolvidos na operação de reprivatização, particularmente do Ministro das Finanças, e também do Conselho de Ministros, ao qual cabe a decisão de adjudicação (arts. 7º e 8º e, eventualmente, 14º).

E têm também, elas, secundariamente, ligação aos órgãos responsáveis pela instrução do processo e do procedimento de reprivatização, que são competentes para a prática de actos endoprocedimentais, embora em relação a estes últimos a função da comissão seja mais de acompanhamento e fiscalização do que de assessoria e apoio.

nº 3

4. Ao contrário do que acontecia com o nº 2 do art. 20º da Lei nº 11/90 - que as restringia aos processos de reprivatização que envolvessem alienação de acções e aumentos de capital –, o seu actual nº 3 (na versão da Lei nº 50/2011) reportou a actividade das comissões de acompanhamento a todo o processo de reprivatização, qualquer que seja a espécie que a respectiva operação assuma ou a modalidade procedimental em que esta se desenrole.

5. Os poderes das comissões são, segundo a lei, os seguintes:

i) nos termos da alínea *a)* do nº 3 do art. 20º, o poder de "*fiscalizar a estrita observância dos princípios e regras consagrados na lei*" aplicáveis à reprivatização "*bem como da rigorosa transparência do processo*" - destacando-se a preocupação do legislador com o princípio da transparência que (além da referência genérica que todos os outros também tiveram) mereceu aqui uma menção específica –, considerando-se igualmente incluída no âmbito da fiscalização a observância das *normas regulamentares* da operação, dispondo a comissão, para tudo isso, do direito de consultar sem restrições os documentos do processo de reprivatização e de requerer que os mesmos lhe sejam facultados para o efeito, bem como do direito de ser informada pelos órgãos encarregados da instrução sobre tudo que lhe parecer pertinente;

ii) o poder de elaboração, como se prevê na alínea *b)* da lei, de pareceres e relatórios que o Governo, através do Primeiro-Ministro ou do Ministro das Finanças, lhe solicite e para cuja preparação a comissão dispõe, além dos poderes de fiscalização, de consulta e de informação referidos na alínea anterior, também de poderes de inquisição ou de auditoria, sendo tais relatórios publicados de acordo com o disposto no subsequente nº 6;

iii) o poder de verificar, como previsto na alínea *c)*, o "*cumprimento dos limites e regras estabelecidos no art. 13º*" através dos instrumentos jurídicos referidos nas alíneas anteriores, poder que tem que se entender cingido ao período do mandato da comissão (que se extingue com o termo do processo de reprivatização), havendo porém no art. 13º limites – como os relativos à indisponibilidade de acções adquiridas (nos termos dos arts. 11º e 12º) em condições especiais por trabalhadores ou pequenos subscritores – que são para cumprir em tempo posterior ao termo do mandato da comissão, entendendo-se, por outro lado, como já se referiu antes, que, detectado por ela, durante o processo, o incumprimento de regras e limites do art. 13º – como, por exemplo, a aquisição pessoal e por interposta pessoa de uma percentagem de acções superior à máxima permitida –, não lhe cabe sancioná-lo por si mesma, mas apenas reportar aos órgãos competentes, seja ao júri (ou comissão) do procedimento ou ao membro do Governo a quem, competir tomar as decisões determinantes do mesmo, a infracção detectada;

iv) manifestação disso mesmo é o facto de a alínea *d)* deste nº 3 conferir às comissões de acompanhamento competência para "*apreciar [...] quaisquer reclamações que lhe sejam submetidas*", impondo-lhes porém que as sujeite, depois, "*aos órgãos e entidades competentes*", juntamente com a sua própria apreciação sobre o respectivo mérito – e depois de, eventualmente, conceder audiência prévia (pelo menos, aos contra-interessados);

v) deve a comissão de acompanhamento, também, "*elaborar e fazer publicar um relatório final das suas actividades*", nada se dizendo na alínea *e)* deste nº 3 sobre o tempo de que ela dispõe para o efeito, sabendo-se porém que é ao Primeiro-Ministro e ao Ministro das Finanças que tal relatório é apresentado (cf. nº 6) e que são eles que devem promover a sua publicação no sítio da Internet do Ministério das Finanças (nº 9), e prestar contas por isso perante a Assembleia da República.

nº 4

6. O destaque que o legislador deu no nº 2 e na alínea *a)* do nº 3 ao princípio da *transparência* – e também aos do *rigor* e da *defesa do interesse público* – reflecte-se agora na definição dos critérios que, segundo este nº 4, devem presidir à escolha dos membros das comissões de acompanhamento, pondo-se exclusivamente o foco em critérios de competência, aferida designadamente pela experiência profissional ou académica dos escolhidos nas matérias técnicas, económicas, financeiras e jurídicas, de maneira a garantir a multidisciplinaridade do conjunto, arredando-se assim a parcialidade habitual nestas nomeações, muitas vezes, determinadas por razões de confiança pessoal ou político-partidária.

Previdente, o legislador não se contentou porém com a referência a uma escolha "*baseada estritamente*" – em vez do anterior baseada "*essencialmente*" – nesses critérios e exigiu, como adiante se verá, que se publiquem oficialmente, com o despacho de sua nomeação, os currículos profissionais e (ou) académicos sintéticos dos membros das comissões – não se contentando com a "*devida justificação*" anterior –, para que se cumpram assim, logo neste momento inicial, as exigências legais da transparência, rigor e de defesa do interesse público inerentes ao sistema.

As exigências legais formuladas a este propósito no nº 4 deste art. 20º valem igualmente para a nomeação pelo Primeiro-Ministro, sob proposta do Governo Regional, do representante das Regiões Autónomas nas comissões de acompanhamento de reprivatizações "regionais", embora se admita que releve aí, além da exigência básica de competência técnica, económica, financeira ou jurídica, também o especial conhecimento que o membro proposto tenha das respectivas especificidades insulares.

nº 5

7. Esta norma já constava do nº 4 da Lei nº 11/90, vindo agora reformulada sem qualquer vantagem, pois que se suprimiu uma sua parte esclarecedora – quanto ao âmbito temporal perpétuo do dever de sigilo (no sentido de que permanece para além da morte do impedido, incidindo sobre os escritos e documentos que tenha deixado), podendo conjecturar-se assim (mas só isso) que ele, hoje, já não teria essa dimensão – e manteve-se a arrevezada fórmula literal da parte restante do preceito, bem relevante para a delimitação do âmbito do dever de sigilo.

Assinale-se, além disso, que o dever de "*absoluto sigilo*" tem afinal carácter relativo, pois os factos e informações conhecidos pelos membros das comissões de acompanhamento "*no exercício ou por força do exercício das suas funções*" não só podem, como devem, ser dados a conhecer, designadamente:

i) todos eles, pelo menos, ao Primeiro-Ministro e ao Ministro das Finanças;

ii) os que possam integrar um crime, às autoridades criminais;

iii) os factos de conhecimento público ou notório, a qualquer pessoa;

iv) os factos relevantes para elaboração de relatórios e pareceres para apreciação de reclamações que tenham sido submetidas à sua apreciação, podem ser dados a conhecer nesses documentos, embora a publicação deles (cf. nº 9) torne difícil conciliar as duas imposições;

v) os factos e informações relevantes para defesa dos membros das comissões em processos de responsabilidade disciplinar, civil, criminal ou contra-ordenacional que contra eles sejam deduzidos podem ser revelados aí para sua defesa;

No resto, os membros das comissões de acompanhamento não podem partilhar com ninguém, nem familiarmente, os factos e informações relativos às empresas cuja reprivatização acompanham, de que tenham tido conhecimento *no* ou *por causa* do exercício das suas funções.

É quanto a essas empresas, não quanto às que concorrem ou se candidatam à aquisição da sociedade ou bem nacionalizados, que a existência do dever de sigilo faz sentido, pretendendo com isso evitar-se que os membros das comissões de acompanhamento venham revelar publicamente factos que podem prejudicar o valor e a consistência das empresas ou bens nacionalizados e, porventura, desmentir até informações que constem da brochura da operação de reprivatização – interpretação corroborada aliás pelo facto de, mesmo arrevezadamente, se ter enxertado o conceito "*empresas*", e não, por exemplo, candidatos ou concorrentes – no meio do segmento normativo relativo ao âmbito do dever de sigilo.

Quanto aos factos que sejam relativos a concorrentes ou candidatos e de que tenham tido conhecimento nessas circunstâncias, estão os membros das comissões de acompanhamento obrigados às exigências da reserva geral de discrição a que todos os servidores públicos estão sujeitos.

nº 6

8. A competência para nomear os membros destas comissões está aqui legalmente conferida ao Primeiro-Ministro e deve ser exercida na forma de *despacho* (ou em forma mais solene, claro, como no caso de *portaria*), sob proposta do Ministro das Finanças – ou do Governo Regional, no caso do representante das Regiões Autónomas, quando estejam em causa reprivatizações "regionais" (art. 17º/2).

As propostas de nomeação devem ser acompanhadas dos currículos profissionais e (ou) académicos completos – e não apenas sintéticos – dos propostos, para que o órgão com competência decisória a possa exercer com conhecimento do respectivo mérito e habilitações, em função do que a sua escolha há-de pautar-se legalmente.

No despacho de nomeação dos membros da comissão - que é publicado no sítio da Internet do Ministério das Finanças juntamente com os referidos currículos dos membros nomeados (cf. nº 9), agora em versão sintética, designar-se-á qual deles presidirá à mesma, entendendo-se que, se assim não acontecer, o presidente será cooptado entre os seus membros, devolvendo-se a questão ao Primeiro-Ministro se não se alcançar uma designação por essa via.

9. Deve entender-se não ser delegável a competência legal do Primeiro-Ministro para proceder à nomeação dos membros das Comissões de acompanhamento - sem prejuízo, claro, de sua substituição vicária -, mesmo que porventura, as leis orgânicas do Governo prevejam em geral a possibilidade de delegação de seus poderes nos ministros das pastas a que os mesmos respeitam.

Baseia-se esse entendimento no facto de tal competência estar moldada com base num duplo grau de responsabilidade - distribuída entre um órgão proponente "menor", o Ministro das Finanças, e um órgão decisório "maior", o Primeiro-Ministro - pelo que não só não pode tal competência ser delegada nesse ministro, como não pode ela ser atribuída a outro membro do Governo, que não há algum (que não seja o Primeiro-Ministro) que esteja colocado num nível de direcção e responsabilidade político-administrativa superior ao Ministro das Finanças.

nº 7

10. Trata-se aqui da remuneração dos membros das comissões de acompanhamento, que a lei de bases veio fixar, por não haver outro diploma legal com carácter genérico onde o pudesse fazer e por se pretender que os valores fixados valessem para todas as reprivatizações em que fosse necessária a sua existência, tratando todos os respectivos membros por igual.

Assinala-se mais destacadamente:

i) que a remuneração é paga mediante senhas de presença, o que significa não ser remunerado o trabalho "caseiro" dos membros da comissão, que pode ser muito laborioso, a não ser que se usem para o efeito expedientes susceptíveis de gerar mal-entendidos – devendo, por exemplo, prescindir-se do trabalho caseiro e realizá-lo nas instalações da própria comissão, mediante a atribuição de uma senha de presença, ainda que fora do âmbito das suas reuniões;

ii) que o valor da senha de presença corresponde a cada reunião que se realize ou cada presença verificada, contadas diariamente neste segundo caso, ou reunião a reunião, no primeiro – duas reuniões no mesmo dia, uma de manhã outra à tarde, mas realizadas com base em convocatórias diferentes, dão direito a duas senhas de presença, enquanto que uma reunião que se prolonga para o dia seguinte pode "valer" uma só senha de presença –, assinalando-se que esse valor é de "*10% do segundo nível da tabela remuneratória única dos trabalhadores que exercem funções públicas*", 10% que, em função da tabela aprovada pela Portaria nº 1553-C/2008 (de 31 de Dezembro), são hoje € 53,21;

iii) as ajudas de custo a pagar aos membros das comissões de acompanhamento são devidas aos trabalhadores que exercem funções públicas nos casos e pelos montantes estabelecidos na Portaria nº 1553-D/2008, de 31 de Dezembro, a saber;

- com remunerações base superiores ao valor do nível remuneratório 18 (i.e. €1 355,96) – € 62,75;
- com remunerações base que se situam entre os valores dos níveis remuneratórios 18 e 9 (i.e. entre € 1 355,96 e € 892,53) – € 51,05;
- outros trabalhadores – € 46,86;

iv) a questão da cumulação de senhas de presença com a remuneração conferida no lugar de origem só se põe, naturalmente, em relação aos membros das comissões que exerçam profissionalmente (temporária ou permanentemente) funções públicas.

nº 8

11. São instrumentos de mobilidade geral de trabalhadores em funções públicas a *i) cedência de interesse público* entre os órgãos ou serviços aos quais é aplicável a Lei nº 12-A/2008, de 27 de Fevereiro ("LVCR") e as entidades às quais a mesma não é aplicável (cf. art. 58º) e *ii) mobilidade interna*, na categoria ou intercarreiras, entre os órgãos ou serviços aos quais é aplicável a LVCR ou no próprio órgão (cf. arts. 59º a 65º).

Em regra, quer a cedência de interesse público para o exercício de funções em órgão ou serviço ao qual é aplicável a LVCR, quer a mobilidade interna, têm a duração máxima de um ano (cf. nº 13 do artigo 58º e artigo 63º da LVCR).

nº 9

12. Determina-se a publicação no sítio da Internet do Ministério das Finanças dos pareceres e relatórios produzidos pela comissão de acompanhamento a solicitação do Primeiro-Ministro ou do Ministro das Finanças e do seu relatório final – tudo a necessitar de ser conciliado com o dever de sigilo fixado no nº 5 –, bem como o despacho de nomeação e sínteses curriculares dos membros das comissões de acompanhamento.

ARTIGO 21º
Incompatibilidades

O exercício do cargo de membro das comissões especiais é incompatível com as funções de membro de órgãos das sociedades a reprivatizar.

Comentário

1. *Âmbito objectivo da incompatibilidade: enquadramento*
2. *Âmbito temporal da incompatibilidade*
3. *As incompatibilidades de carácter societário em geral*
4. *Incompatibilidades e impedimentos dos membros do CEA: remissão*

1. Na ausência de maior precisão, só pode ter-se como certo não ser admissível, por força desta norma, o exercício de funções numa comissão de acompanhamento e simultaneamente de qualquer cargo "orgânico" da empresa cuja operação de reprivatização a comissão acompanha, ou seja, classicamente, no seu conselho de administração ou no respectivo órgão de fiscalização, aos quais devem acrescentar-se, por a lei não o distinguir – e portanto *nec nos debemus* –, os cargos da mesa da assembleia geral da sociedade.

Estamos perante uma incompatibilidade legal, isto é, a impossibilidade de acumulação na mesma pessoa, em simultâneo, de dois cargos ou funções – o que, como assinalam Mário Esteves de Oliveira, Pedro Gonçalves e João Pacheco de Amorim (*Código do Procedimento Administrativo Anotado*, 2.ª ed., p. 243) não supõe o carácter duradouro de qualquer uma das actividades incompatíveis –, estando aí em causa, dizem eles, "*a garantia de imparcialidade* [e transparência] *da actuação administrativa, **como valor puramente abstracto***" (destaque no original), não tendo a ver com procedimentos concretos, mas com a ligação ou o enquadramento objectivo ou subjectivo de duas actividades, dificultando o exercício isento e imparcial de ambas.

É que sempre haverá, é humano, tendência para deixar que as preocupações de um dos cargos ou funções se manifestem, mesmo que em menor medida, no desempenho do outro.

2. Quanto à dúvida sobre se o exercício do cargo de membro de uma comissão de acompanhamento o torna inábil para, após o termo dessas funções, aceitar e exercer funções de membros de órgãos sociais das "*sociedades a reprivatizar*", responde-se negativamente, em função da natureza da figura das incompatibilidades e da referência literal da lei às sociedades "*a reprivatizar*".

Mas também não repugna que devesse aplicar-se-lhes aqui analogicamente a regra do art. 5º da Lei nº 64/93 (de 26 de Agosto) sobre não poderem certos servidores públicos que intervieram em operações de privatização exercer, pelo período de três anos contados da cessação das suas funções, cargos nas empresas privatizadas.

No mínimo, o critério afigura-se adequado, traduzindo-se num período de "*nojo*" razoável e que evita a promiscuidade que a lei pretende impedir.

3. A incompatibilidade aqui estabelecida tem carácter especial e acresce às incompatibilidades estabelecidas na lei societária geral quanto ao desempenho de certos cargos sociais (nesse sentido, cf. art. 414º-A do CSC), impedindo de acederem aos órgão de fiscalização (conselho fiscal, comissão de auditoria ou conselho geral ou de supervisão, consoante o modelo de governação da sociedade seja o clássico, o anglo-saxónico ou o germânico) aqueles que têm especiais relações com a sociedade, inclusivamente de natureza comercial, ou com outros sujeitos que se movimentam na sua órbita, que exercem actividade em sociedade concorrente ou que são titulares de um elevado número de cargos sociais ou se encontram numa situação pessoal que não lhes permite participar na fiscalização de uma sociedade anónima.

Como refere Paulo Olavo Cunha, em relação a este tipo de incompatibilidades "societárias" – em «*Independência e inexistência de incompatibilidades para o desempenho de cargos sociais*», AA.VV., *I Congresso Direito das Sociedades em Revista*, Almedina, Coimbra, 2011 (pp. 259-295) –, «*há uma incompatibilidade quando se verifica existir algum facto legalmente fixado que a lei reputa constituir impedimento significativo para o adequado desempenho de certas funções em determinados órgãos sociais, designadamente de fiscalização*» (p. 277).

Mas a lei não filtra apenas o ingresso nos órgãos de fiscalização.

Também estão sujeitos à longa lista de incompatibilidades estabelecida no art. 414º-A do CSC titulares de outros órgãos sociais que tenham de ser independentes, como é o caso dos membros da mesa da assembleia geral das sociedades cotadas (*i.e.*, aquelas cujas participações se encontram admitidas à negociação em mercado regulamentado) (cf. art. 374º-A do CSC).

4. Além da incompatibilidade aqui regulada, os membros das comissões de acompanhamento estão sujeitos também à proibição, ao impedimento, se se preferir, a que se refere o subsequente art. 22º e de que tratamos já de seguida.

ARTIGO 22º
Proibição de aquisição

Não poderão adquirir acções das empresas públicas a privatizar, quando se trate de concurso aberto a candidatos pré-qualificados ou de venda directa:

a) Os membros do Governo em funções;
b) Os membros das comissões especiais.

Nota:

A alínea *b)* deste artigo foi alterada pela Lei nº 50/2011.
Antes dispunha-se nela
"b) Os membros da Comissão de Acompanhamento das Reprivatizações".

Comentário

1. *Âmbito e objecto do impedimento*
2. *Procedimentos em que se aplica*
3. *Âmbito subjectivo de aplicação: distinção entre governantes e membros das CEA*

1. A norma é obviamente extensível a qualquer operação de reprivatização, independentemente do objecto sobre que recai, trate-se da titularidade ou do direito de exploração de um meio de produção (uma empresa pública, uma sociedade anónima ou qualquer outra entidade nacionalizada) ou da titularidade ou do direito de exploração de um bem nacionalizado.

Por oposição à *incompatibilidade* do art. 21º, estamos agora perante um *impedimento*, isto é, perante um obstáculo legal à participação em procedimentos, actos ou contratos **concretos** da Administração (de qualquer natureza jurídica, administrativa ou não) de pessoas que possam ter um interesse especial, legítimo ou ilegítimo, é indiferente, numa sua decisão em certo sentido.

2. A proibição legal de subscrição ou aquisição do capital, do bem ou do direito em causa não funciona nos casos em que o procedimento utilizado para determinar quem são os respectivos subscritores ou adquirentes é aberto à concorrência, não estando a sua escolha dependente da vontade ou de opções subjectivas das entidades que dirigem o processo de privatização, podendo aí aceder quem (preencher as condições abstractas definidas na lei ou em regulamento e) estiver interessado em subscrever ou adquirir a empresa, o bem ou o direito em causa, ou parte deles.

Sendo essa claramente a *ratio* e finalidade do preceito – como se deduz do facto de se ter reportado a proibição legal também aos procedimentos de venda directa –, estranho é que o legislador não tenha sido completamente claro quando se referiu ao outro procedimento aqui abrangido como sendo o do "*concurso aberto a candidatos pré-qualificados*", quando o único conceito de que se serviu nos preceitos decisivos da Lei a este propósito, nomeadamente nos seus arts. 6º/3 e 26º/2, foi o do "*concurso limitado aberto a candidatos especialmente qualificados*" –, admitindo-se, tendo nós admitido, em comentário (nº 11) ao art. 6º/3 que este conceito legal tanto pode reportar-se a *concursos limitados por pré-qualificação* como a *concursos limitados por escolha da Administração.*

E a verdade é que a norma faria bastante mais sentido em relação a estes últimos, muito mais subjectivos e sujeitos a influências do que o concurso por pré-qualificação concursada, o qual, quanto à sua objectividade, se aproxima bastante do "mero" concurso público, pelo que, em relação a ele, a proibição da lei (fundada na subjectividade da escolha da Administração) já não faria tanto sentido.

3. Não se faz neste art. 22º qualquer distinção entre a proibição que recai sobre os governantes e sobre os membros das comissões de acompanhamento, embora o regime que lhes é aplicável seja bem diferente.

Assim, a proibição recai sobre os "*membros do Governo em funções*" – de quaisquer uns, qualquer que seja a sua pasta e o seu grau, e apenas do Governo da República, não do Governo Regional –, parecendo que ficam abrangidos por ela não os governantes que estiveram em funções durante certo período do processo de reprivatização, mas apenas os que o estejam à data em que se abre efectivamente o procedimento (do concurso limitado ou do ajuste directo) e à data em que neles se decide quem é ou quem são os adquirentes da empresa ou bem nacionalizados.

Não se trata de asserção definitiva, esta que assim se manifesta.

Poderia, na verdade, entender-se que qualquer membro do Governo que tenha estado em posição de influenciar o processo de privatização – por exemplo, nas reuniões do Conselho de Ministros em que se fixaram as regras do processo e do procedimento de reprivatização – ficaria abrangido pelo impedimento. Mas então não se teria limitado o mesmo aquelas duas espécies procedimentais, estendendo-o a todas.

Por outro lado, a proibição "governamental" reporta-se a qualquer processo de reprivatização, seja qual for a empresa, o bem ou direito seu objecto.

Diferentemente, no caso dos membros das comissões de acompanhamento, a proibição da lei refere-se apenas ao processo de reprivatização (do capital, da empresa ou do bem) que eles acompanhavam, embora fiquem abrangidos quer os membros que integravam inicialmente a comissão quer aqueles que a integram, agora, à data em que se procede à operação de reprivatização e se determina quem são os adquirentes e as condições finais de aquisição.

ARTIGO 23º
Isenções de taxas e emolumentos

(Revogado)

Nota:

- O art. 23º dispunha

As alterações aos estatutos das empresas objecto de reprivatização ao abrigo da presente lei, bem como as alterações decorrentes da convolação a que se refere o nº 1 do artigo 27º, produzirão todos os seus efeitos desde que deliberadas nos termos legais e estatutárias, devendo os respectivos registos ser feitos oficiosamente com isenção de taxas e emolumentos.

Comentário

1. Revogação da norma e suas consequências

1. A revogação desta norma é paradigmática dos tempos difíceis que vivemos, tendo o legislador eliminado a isenção de taxas e emolumentos de que anteriormente beneficiavam (nomeadamente) as alterações de forma e de estatutos previstas nos n.os 1 e 2 do art. 4º da Lei, bem como os actos registrais respectivos

Em consequência, aplica-se na matéria o que se dispuser no diploma que operar a reprivatização e que deverá dispor sobre os procedimentos a observar em sede registral. No que respeita, aos emolumentos e taxas, eles serão devidos nos termos em que seriam devidos em operações análogas, salvo se expressa e pontualmente abolidos ou alterados por essa lei.

ARTIGO 24º
Mobilização de indemnizações pelos titulares originários

Os titulares originários da dívida pública decorrente das nacionalizações e expropriações têm o direito de mobilizar, ao valor nominal, títulos de indemnização para fins de pagamento das operações de reprivatização, relativamente ao valor que por

si não tenha sido já mobilizado ou não haja sido chamado a amortização.

Comentário

1. Pagamento com títulos das indemnizações por nacionalizações: obsolescência provável da norma

1. A norma permitiu oportunamente aos proprietários (usufrutuários, etc.) que viram as suas empresas ou bens ser nacionalizados após o 25 de Abril de 1974 a utilização dos títulos de indemnização entregues como contrapartida (fraca contrapartida, diga-se) dessa nacionalização para pagar as acções ou direitos que adquirissem em processos de reprivatização de quaisquer empresas ou bens, dos que lhes houvessem pertencido ou não.

A regra já não terá sentido no presente, sendo improvável que existam ainda títulos de indemnização por utilizar, mas, a dar-se essa hipótese, manda-se aqui equitativamente que os títulos de indemnização em causa sejam mobilizados ao seu valor nominal – e não ao depreciado valor de mercado que (tinham ou) têm.

ARTIGO 25º
Outras empresas

À reprivatização da titularidade das empresas nacionalizadas que não tenham o estatuto de empresa pública aplica-se, com as necessárias adaptações, o regime da presente lei.

Comentário

1. O obsolescente âmbito de sua aplicação

1. Trata-se de uma outra norma presentemente sem efeitos, porquanto todas as empresas que haviam sido nacionalizadas após 25 de Abril de 1974 – ou desde então, como sucedeu com o Banco Português de Negócios –, se não foram entretanto reprivatizadas, têm o estatuto de empresa pública, aplicando-se-lhes assim os n.os 1 e 2 do art. 4º da Lei.

Se porventura a hipótese da previsão da norma se verificasse na prática, a sua estatuição significaria que a empresa nacionalizada a reprivatizar deveria ser transformada em sociedade anónima por decreto-lei em que se aprovassem também os respectivos estatutos, aplicando-se ao processo de reprivatização de tal sociedade as restantes normas desta Lei que tenham como objecto (mediato) empresas ou sociedades.

ARTIGO 26º
Direito de exploração

1 – O processo de reprivatização do direito de exploração dos meios de produção e outros bens nacionalizados realizar-se-á, em regra e preferencialmente, através de concurso público.

2 – A título excepcional, quando o interesse nacional ou a estratégia definida para o sector o exijam ou quando a situação económico-financeira da empresa o recomende, o processo da reprivatização referido no número anterior poderá revestir a forma de concurso aberto a candidatos especialmente qualificados ou de ajuste directo.

3 – Ao processo referido nos números anteriores aplica-se o disposto nos artigos 4º, 6º, 16º, 19º e 25º, com as necessárias adaptações.

Nota:

Só o nº 3 deste art. 26º sofreu um ajustamento decorrente da revogação da norma do art. 23º (sobre a isenção de taxas e emolumentos e a oficiosidade de actos registrais) suprimindo-se nele a referência a esse art. 23º.

Comentário

1. *Objecto*
2. *O concurso público como modalidade procedimental regra: a eventual adopção de uma oferta pública*
3. *Regime do concurso público em apreço: remissões*

4. *As excepções à regra do concurso público: a sua comparação e integração pelo art. 6º/3*
5. *A remissão explícita ou imanente para outras normas da Lei*
6. *Menções do decreto-lei da reprivatização*
7. *A (in)adequação das remissões feitas e omissas e a sua adaptação*

1. Dissemos várias vezes, em comentário a normas precedentes postas na Lei – às vezes, só implicitamente (pelo facto de se reportarem à aquisição ou subscrição de acções, de capital, de empresas ou sociedades a reprivatizar) para regular operações e procedimentos de reprivatização da **titularidade** de empresas ou meios de produção nacionalizados, mais esporadicamente também de bens – que a disciplina nelas contida se aplicava também, ainda que adaptadamente, à reprivatização apenas do *direito de exploração* dessas empresas ou bens.

O que, afinal, este art. 26º agora vem confirmar, nomeadamente no seu nº 3, adiante analisado.

nº 1

2. A primeira adaptação exigida pela aplicação, aqui, à reprivatização do direito de exploração de empresas e bens, das normas relativas à reprivatização da sua titularidade respeita à regra geral sobre a modalidade procedimental a adoptar.

Enquanto no art. 6º/2 se dispunha que essas outras reprivatizações se realizavam preferencialmente através ou de concurso público ou da oferta pública dos arts. 170º e ss. do Código de Valores Mobiliários, aqui estabelece-se que a modalidade-regra é só a do concurso público, mas porque a reprivatização do direito de exploração de empresas ou bens não se faz, claro, através da alienação de títulos representativos do capital de uma empresa, passíveis de uma oferta pública daquelas, mas sim através da concessão ou alienação do próprio direito de exploração.

Sem que isso signifique, porém, que deva pôr-se completamente de parte a hipótese de criação de uma sociedade cujo objecto consista precisamente no direito de exploração da empresa ou bem em causa, caso em que também poderá proceder-se à reprivatização através de uma oferta pública nos termos do Código dos Valores Mobiliários, sem que a isso possa objectar-se com a falta de previsão legal - precisamente porque se trata de uma lacuna de previsão por parte do legislador, a preencher de acordo com as regras de integração da lei.

3. Sobre as demais questões e características que a adopção do concurso público legalmente previsto suscita, deve tomar-se em conta o que a tal propósito escrevemos em comentário aos arts. 6º, 7º e 13º, bem como aquilo que se escreve no subsequente comentário nº 6.

Quanto ao facto de a regra geral do concurso público consentir excepções, cuidamos dele já a seguir.

nº 2

4. Em relação aos pressupostos de interesse público que viabilizam o recurso às modalidades procedimentais do concurso limitado e do ajuste directo, a norma reproduz praticamente - limitando-se a realçar o seu carácter excepcional - os pressupostos estabelecidos no nº 3 do art. 6º, pelo que, quanto a eles, remetemo-nos para o que aí ficou escrito.

Apesar de não se fazerem neste art. 26º/2 outras menções às condições de utilização dessas duas modalidades, como aquelas que, a propósito do recurso ao concurso limitado, se fazem na alínea *a)* desse art. 6º/3, o certo é que, já a seguir, no nº 3 deste art. 26º, encontramos uma remissão explícita e global para o art. 6º, sugerindo que a utilização do procedimento do concurso limitado - nas duas formas que admitimos poder ele assumir - se fará aqui nas mesmas condições que aí, na parte em que as respectivas disposições sejam compatíveis com a reprivatização do direito de exploração.

Só por causa desta ressalva se aceita o facto de o legislador não ter feito também (a par da assunção dos mesmos pressupostos de interesse público do corpo do nº 3 do art. 6º) uma remissão expressa para a disciplina ou requisitos da respectiva alínea *a)*.

É que a referência à alienação de um "*lote indivisível de acções*", daí constante, não poderia ter lugar numa reprivatização de direitos de exploração – a não ser na hipótese atrás ressalvada (mas rara e não considerada na Lei) de tais direitos constituírem o objecto da actividade de sociedades anónimas e serem reprivatizados através da reprivatização destas –, só podendo, portanto, repescar-se para aqui, da tal alínea *a)* do art. 6º/3, a possibilidade de sujeitar a concessão ou alienação do direito de exploração a "*garantias de estabilidade*" dos seus novos titulares.

nº 3

5. Ao processo e procedimento de reprivatização do direito de exploração de empresas ou de bens nacionalizados aplica-se, em tudo quanto não esteja regulado nos n.os 1 e 2 deste art. 26º, o disposto "*nos arts. 4º, 6º, 16º, 19º e 25º, com as necessárias adaptações*".

São normas, essas, que respeitam à reprivatização da *titularidade* de empresas, de sociedades, portanto, e cujo processo consiste na aquisição ou subscrição de acções representativas do seu capital; as restantes normas da Lei nº 11/90 – como, por exemplo, além de tantas outras, a do respectivo art. 3º, sobre os objectivos das operações de reprivatização, ou a do art. 5º, sobre a avaliação prévia dos respectivos direitos ou bens – estão formuladas com âmbito geral, sendo aplicáveis portanto qualquer que seja o objecto de tais operações.

6. Mesmo assim, pergunta-se se serão normativamente apropriadas as remissões deste art. 26º para os referidos arts. 4º, 6º, 16º, 19º e 25º? E em que medida? E, também, que outras remissões deveriam ter sido aqui feitas?

Quanto à remissão para o art. 4º (respeitante à transformação da empresa pública a reprivatizar em sociedade anónima, à aprovação dos estatutos desta e à sua sucessão na personalidade da empresa reprivatizada), ela só faria aqui sentido ou na hipótese que atrás encarámos, da "societarização" do direito de exploração – que é uma hipótese rara, raríssima, e que o legislador não considerou – ou se com tal remissão quisesse dizer-se que o processo de reprivatização é sempre desencadeado através de um decreto-lei.

Como o é, de facto.

De tal diploma não constarão então, neste caso (salvo alguma hipótese teoricamente congeminável), nem as medidas ou menções a que se referem os n.os 1 e 2 do art. 4º (de transformação da forma jurídica e de aprovação dos estatutos da sociedade a reprivatizar), mas sim, de acordo com as indicações e propostas do comentário subsequente, pelo menos, no caso de concurso público, a previsão da existência de um caderno de encargos e a indicação de todas as condições exigidas aos respectivos concorrentes, por analogia com o disposto no art. 7º, bem como as modalidades da operação de reprivatização do direito de exploração e, caso se adopte uma das previstas no art. 6º/3, os fundamentos concretos de tal opção (art. 13º).

7. E quanto às restantes remissões (para os arts. 6º, 16º, 19º e 25º da Lei-Quadro) que se fazem no seu art. 26º?

Quanto à remissão para o art. 6º, só faz sentido a aplicação aqui ***i)*** de parte da norma da alínea *a)* do respectivo nº 3 (como acima, no comentário nº 1, já dissemos), ***ii)*** a possibilidade de recorrer à venda directa da respectiva alínea *b)* e ***iii)*** também a possibilidade de, em casos iguais ou aparentados com os previstos no nº 4 desse mesmo art. 6º, fazer valer nestes processos a regra da intransmissibilidade temporária da exploração concedida.

Não seria despropositado, seguidamente, que houvesse neste art. 26º uma remissão explícita também para os arts. 7º e 8º da Lei – não apenas porque estão ambos reportados sistematicamente às reprivatizações do art. 6º (que respeitam à titularidade de empresas, não sendo portanto aplicáveis directamente à reprivatização do direito de exploração), mas porque então o art. 8º, esse, está mesmo literalmente formulado para a venda de capital, o que, na lógica do diploma, se refere sempre à titularidade de uma empresa ou sociedade.

Compreendendo-se que não hajam sido feitas remissões para os arts. 9º a 12º, estranha-se que também tenha sido esquecido o art. 13º, que contém disposições da máxima importância para qualquer reprivatização e que está literalmente formulado para aplicação exclusiva aos processos de reprivatização da titularidade de empresas ou sociedades, isto é, para a aquisição ou subscrição de acções representativas do respectivo capital, mas que, como já alvitrámos quando o comentámos, deve aplicar-se extensiva ou analogicamente, de maneira adaptada, claro, à reprivatização (da titularidade de bens e) do direito de exploração de empresas ou bens nacionalizados.

Mesmo que este art. 26º não o tenha previsto expressamente.

Os arts. 14º e 16º, tal qual estão formulados, são de aplicação a todas as reprivatizações, não sendo necessário portanto que se remetesse daqui para eles – e, não obstante, o art. 26º/3 remeteu-se expressamente para o art. 16º, o que, em rigor, deveria ter levado a remeter-se, também expressamente, o que não fez, para os arts. 3º, 5º, 14º, 18º, 20º e 24º da Lei.

Por sua vez, o art. 17º deveria ser igualmente objecto de apropriação por este art. 26º, pois está posto expressamente apenas para a operação de reprivatização de empresas (de sua titularidade ou direito de exploração), mas não para a reprivatização da exploração de bens, à qual se aplica claramente o mesmo regime nele estabelecido para aquelas primeiras operações.

A remissão do art. 26º para o art. 19º só seria apropriada se o legislador tivesse encarado alguma vez – o que não aconteceu – a hipótese de reprivatização do direito de exploração através da alienação do capital de uma sociedade com esse objecto, como já várias vezes sugerimos ser possível, mesmo se raro.

Impunha-se finalmente uma remissão, que não há, para o art. 22º, embora se entenda que, mesmo assim, como dissemos no local próprio, a sua disposição é aplicável adaptadamente a todos os casos de reprivatização.

ARTIGO 27º
Disposição transitória

(*Revogado*)

Nota:

- O art. 27º dispunha

1 - Os processos de transformação operados nos termos da Lei nº 84/88, de 20 de Julho, deverão concluir-se ao abrigo dessa legislação, salvo se o Governo preferir convolá-los em processo de reprivatização ao abrigo da presente lei, mediante prévia alteração do respectivo diploma de transformação.

2 - Nos processos que não forem convolados nos termos do número anterior poderá ser reduzido para um ano o prazo previsto no nº 3 do artigo 5º da Lei nº 84/88, de 20 de Julho, devendo ser assegurado o cumprimento dos requisitos constantes das alíneas c) e d) do nº 1 e do nº 5 do artigo 5º da mesma lei.

Comentário

1. Caducidade do preceito revogado

1. A revogação deste preceito legal era desnecessária, pois que já não se encontrando em aberto qualquer processo de transformação de empresa pública em sociedade anónima (de capitais públicos), que tivesse sido empreendido ao abrigo da Lei nº 84/88, de 20 de Julho, o comando normativo que visava assegurar a convolação dessa operação numa operação, mais ampla, de reprivatização há muito que não fazia sentido, podendo considerar-se caduco.

Não obstante, para evitar eventuais dúvidas, o legislador optou por pôr-lhe expressamente termo, decretando a sua revogação [cf. art. 4º, *alínea h)* do DL 11/90, de 13 de Setembro], com a deficiência anteriormente apontada de manter o número do artigo e a respectiva epígrafe no texto republicado.

ARTIGO 27º-A
Salvaguarda de interesses estratégicos nacionais

O Governo deve, no prazo máximo de 90 dias, a partir da entrada em vigor da presente lei, estabelecer o regime extraordinário para salvaguarda de activos em sectores fundamentais para o interesse nacional, em observância do direito comunitário.

Comentário

1. *A salvaguarda comunitariamente legítima de activos estratégicos nacionais*
2. *Os instrumentos de salvaguarda: dúvidas*

1. Esta nova regra legal – aditada pelo art. 3º da presente Lei nº 50/2011 – tem como propósito facultar ao Governo a possibilidade de encontrar um sucedâneo para as *golden shares*, eliminadas com a revogação do art. 15º, nos casos em que as empresas objecto de privatização ou nas quais haviam sido criadas tais prerrogativas exerçam a sua actividade económica em sectores estratégicos da economia nacional, como o sejam, eventualmente, os transportes, as telecomunicações e a energia.

Com essa finalidade, caberá ao Governo definir, até ao dia 12 de Dezembro de 2011 (inclusive), "*o regime extraordinário para salvaguarda de activos em sectores fundamentais para o interesse nacional*", no pressuposto de que se encontrará um instrumento comunitariamente legítimo de salvaguarda desses interesses em sectores que não sejam os da segurança interna e externa.

2. O preceito aditado sujeita desnecessariamente o novo regime legal ao direito comunitário, o que só se compreende num quadro, como o nosso seria, de incumprimento das regras do ordenamento europeu. Parece ignorar-se que a revisão do paradigma de salvaguarda de exigências imperativas de interesse geral tem de assentar sobretudo no reforço da regulação técnica e económica, em especial nos casos em que a privatização atinja sectores que não estão sujeitos a concorrência efectiva.

O âmbito da disposição, para além da habitual indeterminação do "*interesse nacional*" não podia contudo ser mais ambíguo. O que significa "*salvaguarda de activos*"? Estará em causa o condicionamento dos centros decisão ou a obrigatoriedade de conservação de infra-estruturas ainda que ineficientes?

São dúvidas que só com a fixação do regime extraordinário previsto na norma ficarão esclarecidas – se é que é possível esclarecê-las em conformidade com o direito comunitário.

ARTIGO 28º
Norma revogatória

É revogada a Lei nº 84/88, de 20 de Julho.

Comentário

1. Fundamento

1. Tendo sido revogado o art. 27º, deixou de fazer sentido manter a remissão que o mesmo fazia para a Lei nº 84/88, de 20 de Julho, ao abrigo da qual decorriam ainda em 1990, processos de transformação de empresas públicas em sociedades de capitais públicos.

Por isso, e para evitar quaisquer dúvidas, a Lei nº 50/2011 eliminou a possibilidade de manutenção de quaisquer efeitos que porventura ainda subsistissem da Lei nº 84/88, de 20 de Julho, que já antes havia sido revogada praticamente na totalidade.

ÍNDICE

LEI Nº 11/90
Lei-Quadro das Privatizações

Artigo 1º - Objecto